科学需要
讲故事

（第 2 版）

[美] 兰迪·奥尔森 —— 著

高爽 —— 译

by Randy Olson

重庆大学出版社

科学充满了故事。

科学方法和科学传播都是叙事的过程。

然而，讲故事的力量与叙事结构没有被广泛地教授，也没有得到公开的呼吁。

由于这些疏漏，从行业内的假阳性泛滥，到行业外的反科学的论调的增长，科学界现在正面临着严重的问题。[1]

科学需要帮助，但是那些应该提供协助的人文学科的专家们无暇自顾，且缺乏实践的角度。

我认为，科学应该求助于那些用了一个世纪来学习和把叙事力量应用到真实世界的人们，他们是作家、导演、演员、编辑和好莱坞的其他高手们。

我们不必害怕故事。

它遍及人类文化所有层面。

科学家们必须意识到，科学是叙事过程，而叙事就是讲故事，所以科学需要讲故事。

---

1 生命科学相关领域经常用"阳性"和"阴性"表示研究结果是否显著。本书中阳性表示科学结果是新颖的、有趣的、有意义的，阴性则相反。 —— 译者注

目录

第 一 章

前 言

为什么科学需要讲故事

叙事无与伦比的重要，它不仅是职场工具，也让世界具有意义。我写这本书的目的是敦促科学家把叙事问题提上日程。即便叙事在科学家的科学活动日程表上不是最优先的事项，它也应该占有一席之地。

休斯顿，我们有故事了

你想怎样与 1000 个急切的头脑交流？

我的朋友梅根邀请我参加一个小组讨论，即 2013 年在圣地亚哥举办的海洋科学家会议。这是我近年来从事的工作。我曾经是科学家，后来拍起了电影，现在我与科学家协作，帮助他们与公众更高效地沟通。从梅根的声音里我能听出兴奋的情绪，这真的是个好机会，我可以展示关于沟通和叙事的方法，而且是面对大量有趣的听众。这听起来挺不错，我接受了梅根的邀请。

夏天过去的时候我还没有考虑太多，直到大约 6 周前上网注册会议的时候，我看到参与讨论的还有另外两位成员，他们都是我认识的人，而且都比我大 10 岁以上。更重要的是，他们是世界上顶级的海平面上升领域的专家——对这个领域我基本不了解。讨论的主题是"如何应对海平面上升"。没有任何证据显示，作为一个从科学家改行过来拍电影的人，我有什么道理出现在会场。整件事就像是，"两个伟大的科学家加上另外一个家伙"。

我对自己说，

"休斯顿，我们有麻烦了。"

我打电话给梅根，问她把我扔进这个我一无所知的讨论会有什么特别的原因。她说："对对对，这些人特别渴望与你共事。他们想让你用你的叙事方法改造他们的学术报告。"

我们讨论了一下，最后，我理解了她的意思。这听起来挺不错，让我有机会落实我在书里和工作坊里教给别人的事，帮助人们更好地讲故事。太棒了！

我开始着手给我们四个人写电子邮件，列出我的初步想法。我会重新组织科学家们的材料，形成一组他们和我都可以讲述的故事，然后轮流展现故事的不同部分。看起来一切挺完美……直到我收到科学家们的回复。

这简直是当头一棒。其中一位说，展示已经准备好了，他已经讲过一年多了，所有人都喜欢这些内容，基本上，"没有毛病，不需要修改。谢谢。"另一位正在欧洲，他说他没时间做改动。

我给对方略施压力，进一步解释我的想法，包括小组展示怎样给通常无趣的讨论注入活力。他们看起来不喜欢我使用"通常无趣"这样的标签。我刚才说到他们有 68 岁和 70 岁了吗？

"我们就是不需要那样。"其中一位这样写道。当然,我忽略了这条意见。梅根依然充满热情,因此我依旧努力推动此事。终于,真相大白了。

"你看,"一位科学家回复,"众所周知,我们俩都是优秀的演讲者。我们很忙。我们会出场做一场标准的演讲,这样会挺好的。"

我回击:"我知道,但我想要的比'挺好'更多。利用讲故事的力量,我们可以达到一个更高的水准,可以让听众印象深刻。"

"我看不出怎么会管用,"他的下一封邮件说,"你说我们要轮流讲故事,我们需要起来、坐下,相互打断,搞得一团糟。"

我回应道:"不,相信我,听众会感激团队效果的。它意味着我们正在倾听彼此。"

其后,我们又交换了几次看法,直到他们中的一位最终说:"兰迪,这些演讲我们都已经做过无数次了,我们完全知道该怎么办。我们都有充分的经验。我们就是不需要你讲的那些东西。"

就这样,我被打回了现实。

科学家、管理者、学生,甚至每个人所作的演示报告,都非常个性化。它们是演讲者内心的延伸,是自我的表达。在这个 TED 演讲的时代，每个人都忙于各自的展示，对他们的家庭和朋友展示，不停地组织和打磨展示的内容。我的要求似乎打乱了别人的展示，这就像是要掌控和重新整理他们的内衣抽屉，而那些本该是非常私密的事情。

我意识到我触碰了一些底线，而某种爆发正在酝酿。这意味着，是时候摆脱这种毫无希望的困境了。我在讨论中扔了一颗"手榴弹"，它即将产生毋庸置疑的后果。

我用自己最高傲的语气回复："哈，我们当中，有且只有一个人有 20 年的大众传播经验……"

我敲下发送键等了不到两分钟，我知道"核武器"飞回来了。这封简短的邮件是这样开头的：

"嗯，兰迪……难道我们不特殊么？我建议你在毁了整件事之前检讨你自己。"

还有比这更糟糕的话。我坐在电脑屏幕前想："哇，已经够了。"我不再回复。相反，我走到室外，深深地吸了一口冷风，让自己冷静下来。

我想着自己试图要做的事。这两个家伙是知识的源头——他们绝对算得上是了解真实世界的某些真理的人。我是麻烦的代表，妄想改造他们的语言和信息，将一个真实的世界转变为故事的世界。

同样的处理过程也发生在标志性的阿波罗 13 号登月任务中。1970 年的任务中，氧气罐爆炸的时候，宇航员杰克·斯威格特（Jack Swigert）原本说的话是"休斯顿，我们这已经有麻烦了"。但 25 年之后，当汤姆·汉克斯（Tom Hanks）在电影 [1] 中再现这一事件的时候，台词变成了"休斯顿，我们有麻烦了"。

什么东西变了？为什么要变？这是两个问题。好莱坞的家伙们用更简练的语言表达更紧张的气氛。我想和科学家们合作的就是这样的工作——保持事情的精确性，然后让表达更好地遵循我们所生活的这个叙事的世界。

但这种文本上的处理会困扰科学家。他们想让人们了解真实世界的面貌，他们的梦想简单到能够实现"所说即所见"。他们想告诉你真相，与他们所见的精确一致的真相，没有经过任何调整的真相，因为调整的过程可能是危险的。调整一定伴随风险，往好里说是不够严谨，往坏里说是误人子弟。

但问题在于，"所说即所见"不起作用。即使在科学的世界也不起作用。诺贝尔奖得主 P. B. 梅达沃

1 即电影《阿波罗 13 号》（Apollo 13）。
——译者注

（P. B. Medawar）在致辞中问道："科学论文是欺骗吗？"他为一种必要的转换而感到痛苦，科学家必须三步走：看见真相，组织起来，说出来。这是科学家们在撰写论文时日复一日所做的事情。

即使这种事在过去一个世纪以来已经司空见惯，可科学家们仍然对修饰过程心怀警惕。下面我将介绍一些这方面的经验。

导言、方法、结果、讨论

我喜欢向听众席中的诸多科学家提问。我问他们是否知道一个术语缩写的确切含义。这一术语支撑起叙事结构，这一结构是几乎所有学术期刊所遵循的标准。这些术语是科学家生活的核心，它们支撑起一组知识。

有一次，面对美国农艺学年会上的 800 多位科学家，我展示了五个字母，IMRAD，问道："有谁知道这是什么意思？"

没有人举手，我暗自笑着，掏出手机给这 800 多位沉默的科学家拍了一张照片，为后代记录下这个时刻（和那些充满怀疑的科学家想的一样，这样的时刻特别多）。

然后我问了第二个问题："你们当中有谁读过这样的科学论文，它分为导言（I）、方法（M）、结果（R）和（A）讨论（D）[1]四个部分？"我刚说到"结果"的时候，就听到一阵笑声，有人叫道，"啊，被你难倒了！"

他们这群人都读过成百上千甚至上万篇遵循这种结构的论文。IMRAD，后面我会讲到，于一个世纪前被人采用，并最终得到广泛的接受。它已经成为科学报告最佳展现方式的标准化结构。它可以简单地概括为今天每一部电影和戏剧的核心结构——三段论，也可以看作由起因（I）、经过（M&R）和结果（D）组成。

台下实际上有一个人举了手，就在我的左侧。我问出第二个问题后才注意到他。坐在那边的每一个观众都指着他说，"这儿有人举手！"我曾经拜访过他，他是约瑟·施梅尔（Josh Schimel），畅销书《科学写作——如何让论文得到引用，研究计划获得资助》（*Writing Science Papers: How to Write Papers That Get Cited and Proposals That Get Funded*）的作者。他知道 IMRAD 这个术语，当然，他的书里全是这些东西。但他是在场唯一知道的人。

面对约翰·霍普金斯医学中心的 200 名医生和学生，我做过同样的

1　IMRAD 分别是 Introduction/ Method/ Result/ And/ Discussion/ 的首字母。——译者注

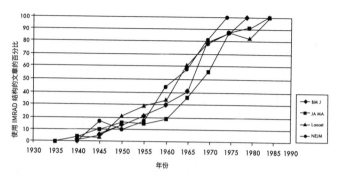

图1 在生物医学领域，IMRAD 模板被采用的比例变化趋势。今天，所有人都知道这一论文组织经典结构，但从这一图表中我们可以看到这一经典结构在四种顶级期刊中从出现到被广泛采用经历了多么漫长的时间（from sollaci and pereira 2004）。

调查，得到了同样的结果：没有人举手。我也向我的科学家朋友推销过 IMRAD，即便是在 IMRAD 已经有了完整的说明、历史、效果和规范的时代，依然没人听说过它。我自己做了 20 年科学家，只是在过去一年才正式注意到这样的文本结构。

IMRAD 能怎么样？

好吧，大部分科学家不知道描述他们论文结构的术语，了解IMRAD 似乎和实际使用它关系不大。这样的现象反映了什么？叙事结构和叙事过程渗透在科学职业中，而科学家却对叙事的重要性视而不见，他们甚至拒绝使用叙事的字眼。

如果叙事真的如此重要，所有的科学课堂在第一天都会讲："我们的专业完全建立在叙事动力学之上，我们强制科学家遵循 IMRAD 这样的叙事方案，你需要了解它。"教师们可能还会进一步说："叙事和讲故事是一样的东西，就像一个世纪前科学家所接受的，叙事和讲故事是科学职业的核心。那么，你没有任何理性的理由恐惧讲故事。"（我将在第 11 节讨论"讲故事恐惧症"的问题）但这一切都没有真的发生。

也许你现在会问，"如果科学界没有意识到叙事无处不在而且有用，会有什么危害呢？"答案是，一切都会出问题。

问题 1：夸张的国家

我将采用"叙事缺乏症"来指代本书提出的普遍的问题，即没有足够的叙事表达。叙事性缺乏可能不是管道工或空管人员会遇到的问题，但在科学中，叙事问题无所不在。如果你不理解叙事，你就无法完全理解科学。让我们看一看叙事性是如何遍布科学的。

科学包含两个主要部分：科学的活动（利用科学方法进行研究）和对已经完成的活动的信息进行传播（交流）。这两部分都遭受着"叙事缺乏症"的危害。

在研究部分，只存在两种科学研究的结果：阳性结果（我们发现了某些特征）或是阴性的结果（我们没能发现任何特征）。阳性结果就像是讲述一个好故事（我们发现了！），而阴性结果等同于讲述一个乏味的故事（抱歉，我什么也没发现）。

今天的情况是，每个人都想讲述好故事，没人愿意说乏味的故事。学术期刊想要讲好故事，科学家想要讲好故事，科普人员想要讲好故事，记者也想要说好故事。最终，形成了好故事讲述的共谋。这是非常糟糕的现象。

2014 年，彼得罗克·萨莫尔（Petroc Summer）和他的同事揭示了卫生科学领域这个问题的严重性。他们检查了来自 20 所英国主要大学的生物医学新闻稿，对比了这些新闻稿所基于的论文。他们发现，40% 的新闻稿包含夸大了的建议，33% 包含夸大了的原因，而 36% 包含夸大了的推论。

各式各样的夸大，引领人们讲述更大、更精彩的故事，而不再是真实世界实际存在的情况。这对科学来说是坏消息，科学应该记录真实世界，无论所记录的是不是一个好故事。

这就是我需要用这本书大张旗鼓地呼吁的事。本质上，每位科学家都理解什么才是好故事。我要展现的很多方法都可以帮你实现讲好故事的目标。但我所主张的，并非是你只能讲"好故事"。

人们讲好故事的冲动所产生的后果，我们称之为"假阳性"，即不存在某种特征的时候却假装看到了特征。例如，你对世界宣称吃冰激凌会导致癌症，而事实上不存在这样的联系（一个假阳性的结果）。这样的报告可能把你推到每份报纸的头版，人们愿意阅读令人兴奋的消息——你投稿的学术期刊、在大学里听你科普演讲的公众、将你的工作组成大众理解的形式的记者——所有人都热衷于此。这对你的职业生涯有莫大的诱惑。但如果那些结果不是事实呢？如果这是一个假阳性结果，如果冰激凌不能导致癌症呢？

相反，如果你的研究结论以吃冰激凌不能导致癌症开头，报纸能给你的全部就只是一个大大的轻蔑。

这听上去可笑，却是我们今天科学界的状态。假阳性扩散得比比皆是，在某些领域引起巨大的关注，在有些领域关注呈现失控的态势。就拿生物医学领域来说，问题已经十分危险。2013年斯坦福大学医学博士约翰·约安尼季斯（John Ioannidis）因为揭露生物医学界当前的假阳性问题而火了一把。他说："传统医学研究中的大部分统计上宣称的明确效果，都是假阳性的或者夸大的。"请注意他说的不是"一部分"，他说的是"大部分"。

类似地，一位杰出的基因学家最近对我说："在我这个领域，近年来在《科学》和《自然》杂志上发表的绝大多数论文都言过其实。"

加州大学伯克利分校的兰迪·沙克曼（Randy Schekman）获得了2013年的诺贝尔奖。他个人非常抵制那些顶级期刊。他说，他和他的实验室成员都不会在《自然》《科学》《细胞》这三份最重要的科学期刊上投稿。他这么做是因为感觉到稿件录用的标准只关心新闻够不够大（论文里讲的故事有多大）而不关心研究过程是否完整（这项研究进行了什么工作）。

假阳性的蔓延是一场灾难吗？可能还算不上，但绝对不容忽视。根据我在写作此书的时候访谈过的所有科学家的观点，假阳性的蔓延范围正在扩大。

更进一步地说，这样的蔓延清晰地表明，科学家为了上头条而工作的同时，科学期刊不再对发表研究工作感兴趣，因为那不会产生大新闻。2014 年安妮·弗兰可（Annie Franco）和同事们在《科学》杂志发表了一篇题为《社会科学领域的论文发表偏见：真相》的论文。他们展示了在至少一个领域里，对阴性结果的论文的歧视是如何扩张的。他们发现，对于社会科学，阴性结果的研究工作的论文的发表机会要低 40%，也就是说 60% 的研究者甚至懒得将这些不够耀眼的工作投稿，因此它们始终被锁在文件柜里，这也正是大量不够重要的研究的最终归宿。

其结果便是，阳性结果的研究讲述重大的故事并得到发表，阴性结果和不重要的研究讲述微不足道的故事，在发表的过程中举步维艰。这就是一整套叙事动力学，它指导着故事的讲法。归根结底就是这么一件事。

有人可能希望科学的世界是精确的，但不幸的是，科学文献已经远离了精确，因为显著的积极结果的诱惑和对消极结果的歧视共同影响了叙事动力学。顺便提一下，请注意"科学文献"（scientific literature）这个词组的后半部分。

问题 2：麻木

对科学的另一部分——在科学家和公众之间传播科学发现来说，问题同样由来已久。焦点在于如何与越来越麻木的大众进行连接。科学家不善于沟通是众所皆知的。我在 2009 年我的第一本书《别做那样的科学家：在充满风格的时代谈论本质》（ *Don't Be Such a Scientist: Talking Substance in an Age of Style* ），简称《别做那样的科学家》中记录了这种情况。我在书中指出了进行所谓干货的沟通的各种困难。在科尼莉亚·迪恩（Cornelia Dean）的《我讲清楚了吗？》（ *Am I Making Myself Clear?* ）、南希·巴隆（Nancy Baron）的《逃离象牙塔》（ *Escape from the Ivory Tower* ）以及克里斯·慕尼（Chris Mooney）和谢里尔·基尔申鲍姆（Sheril Kirshenbaum）的《不科学的美国人》（ *Unscientific America* ）这些相似的著作之后，我的书得到了不错的认可。来自科学界的普遍反应概括成一句话就是："我们知道，我们正在努力。"糟糕的传播贻害无穷，从学生厌倦科学课，到科学传播面对日益增长的反科学运动束手无策，特别是在气候科学、演化论和疫苗政策等方面。

更深入地说，我们可以看到叙事结构中的传播问题。最终我们会讨论其中的大量细节，但现在请允许我仅仅提供简单的表述。在传播中存在一种最合适的叙事，即所叙述的故事需要有一定的复杂性从而引起兴趣，而又不至于过于复杂而使人困惑。这是最简单的规则。

同样的平衡存在于好莱坞的电影中。就拿前几年获得巨大成功的电影《地心引力》（*Gravity*）来说，电影中有一位主角、一个主要的灾难（卫星残骸毁了太空舱）和一个清晰的目标（活着回家）。电影里没有同时发生 15 个故事，这和科学传播是同样的道理，只有一个绝佳的故事正在发生。基本元素简单，故事的全部复杂性都由它的简单困境所引发。这样的原则对于科学研究和科学传播来说都是理想的。

图 2 用光谱的形式展示了这一原则。有的人缺乏足够的叙事内容，他们的讲述惹人厌倦。而有人试图一次讲述多个故事，你跟不上他们的故事，把它们彻底混淆

无聊	有趣	让人困扰
叙事过少	最优叙事	叙事过多

图 2　叙事光谱。叙事过少，让你感到乏味；叙事过多，让你感到困扰。实现有效传播需要寻找最优化的叙事程度。

了。还有一些人在恰当的程度上进行叙事，用好莱坞的直觉来说这叫作"故事感"。我则称其为"叙事直觉"。在科学的世界中发展这种直觉需要的是终极的客观。

在《别做那样的科学家》中，最重要的一章名为"不要做糟糕的讲故事者"。在全书的最后，我指出了叙事的方向，旨在回应这些科学传播中的问题，但我没有提出特别具体的建议，因为我在叙述自己的工作上还有太多的路要走。

按照书里的指引，我招募了两位老练的演员朋友——多莉·巴顿（Dorie Barto）和布莱恩·帕勒莫（Brain Palermo），建立了工作坊以回应挑战。在接下来的四年中，我们到处推广"讲故事连线工作坊"，最终在2013年汇集这些经验写成我们的书《连线：好莱坞故事遇到批判性思维》（*Connection: Hollywood Storytelling Meets Critical Thinking*）。工作坊使我形成了一些特定的工具和建议，我将在本书中展现它们。

我的概括性的结论是，科学的世界虽然充满了叙事，却没有注意到叙事的力量和重要性。这种情况需要得到改变。我知道谁有能力可以做出这样的改变。

好莱坞：科学的救世主？

此时此刻，无数的科学家在读了上面的标题之后压抑着他们的呕吐反应。你可能就是其中的一位。

总的来说，科学界对好莱坞深恶痛绝。科学家以追求真理作为最高理想。好莱坞视真理为一种可以很好玩的附带的选项，如果方便的话。今天最出色的编剧之一——亚伦·索尔金（Aaron Sorkin）可以反映好莱坞的普遍态度。在评论他的电影《社交网络》(*The Social Network*)的时候，他似乎是对整个行业说的："我不想忠实于事实，我只想讲故事。"

干得漂亮啊！我跟你保证，这会彻底让科学家们气得颤抖、咆哮。

演员兼导演本·阿弗莱克（Ben Affleck）捍卫他的电影《逃离德黑兰》(*Argo*)的时候提出一个出色（甚至好笑）的观点：他的电影基于历史事件，具有"真相的灵魂"。当你这么说的时候，就算是彻底得罪整个科学界了。科学家会觉得，哼，好莱坞，不存在什么所谓"真相的灵魂"，要么就是真相，要么就不是真相。

我感受得到这样的反感。我过去是科学家，我现在的脑子里仍然有 49% 的部分像科学家一样思考。我能感受到这些科学家们的痛苦。是时候做些改变了。

　　科学现在需要某些好莱坞具有的东西。我指的不是利用科学特效拍出炫目的动作大片挑逗观众，使得这么多人的优秀工作被歪曲。我不怎么喜欢那些大而愚蠢的电影，我认为科学世界不应该对它们抱有太大希望。

　　我要说的是某些更深刻的东西，不是指好莱坞所生产的作品，而是指它们被创造的过程。我指的是叙事的力量。好莱坞是这样一个地方，在这里，人们想办法让叙事在真实世界里起作用。大量人文学科的学者喋喋不休地讲他们的叙事理论，但是大部分人不能一针见血地指出我们生活中起作用的最基本的原理。好莱坞的这群人在过去一个世纪里破解了叙事的秘密，这还要感谢经济利益的驱动。科学，现在需要他们的帮助。

　　就拿《沉默的羔羊》（Silence of the Lambs）这部电影来说，科学就像是探员克拉丽丝·斯塔林（Clarice Starling），需要慢慢地、提心吊胆地走过那条有着最安全的囚笼的长长的、黑暗的地下室走廊。远处是电影中的汉尼拔·莱克特（Hannibal Lecter）博士，他就像好莱坞，被锁在他的牢房里，光彩照人但疯疯癫癫以隐藏真实的自己，眼睛左右闪烁。克拉丽丝可能轻视莱克特，但事实是，她需要他的帮助。他有知识。是该把偏见抛到一边的时候了，现在的问题比担心答案从哪里来要重要得多。

我在 40 年的人生的最后得出了这个结论。我以科学家的身份开始我的职业生涯，我实现了成为海洋生物学终身教授的愿望。但后来我改变了方向。我转行到了好莱坞，加盟电影学院，参与电影，拍摄电影，最终在特柳赖德电影节和翠贝卡电影节上首映我的电影。

现在我把我的重心放在科学世界的叙事问题上。我坚定地相信，好莱坞掌握着科学界需要学习的伟大知识。是时候讨论汉尼拔·莱克特了。

或者就算不说汉尼拔，至少也要说说艾瑞克·卡特曼（Eric Cartman）[1]。

大救星艾瑞克·卡特曼

我需要处理叙事缺乏的问题，这曾经是我的大秘密。准确地说，你可能会问，是谁帮我渡过了难关。答案很简单，我的大救星就是动画片《南方公园》（South Park）里的艾瑞克·卡特曼。

当然，我所指的不

1　动画片《南方公园》里的人物。

是这个动画人物本身，而是他背后的创造者特里·帕克（Trey Parker）。我就像几百万聪明的美国人一样，是《南方公园》的忠实粉丝。2011 年秋天，喜剧中心频道播出了关于这部动画片制作过程的优秀纪录片，名为《六天创作流程》（*Six Days to Air*），片长半个小时。得知消息，我立即收看。

这部纪录片的中间有一幕改变了我的生活。这一幕的意义极其深刻，我相信它能使整个科学世界发生转变。在这一幕中，特里·帕克谈论着编辑每集剧本初稿的技术。他说："我总是遵照这样的规则来处理草稿，我将一个又一个的 And 替换为 But 或 Therefore。初稿里写的是'事情这样了，然后又这样了，再然后又那样了'。我把它改成了'事情这样了，因此这样了，但是那样了'——无论什么时候，只要你把 And 都改成 But 或 Therefore，都会有更好的效果。"

他的话击中了我，就像是一道闪电划过我的脑海。清晰，那么清晰！我从来没有听过这么简单的讲故事的规则。当时我就立即把它写下来。我已经花了三年时间研究这条规则，尝试各种途径追溯到亚里士多德（特里·帕克不是这条规则的原创者）。我在 TED 上做了关于这条规则的演讲，我在《科学》杂志上发表了关于这条规则的通讯，我无休止地把这条规则应用到我的工作坊里。

我把它开发成一句简单的单句，带着需要填写的空格。这个造句模板称为 ABT，意思是 And，But，Therefore。模板的样子如下所示：

_____ and _____ , but _____ , therefore _____ .

每个故事都可以缩减成这样的单一结构。我可以给你讲一个这样的故事：从前有一位小姑娘生活在堪萨斯的农场，And 她的生活很乏味，But 有一天龙卷风把她裹挟到了遥远的奥兹国，Therefore 她必须开启征程，寻找回家的路。这就是 ABT 的作用。

对于更实际的情况，比如有科学家会说，"我可以给你讲讲我们的实验室，我们研究生理学 And 生物化学，But 最近几年我们意识到重要的问题都是分子层面的，Therefore 我们现在正在调研诸如这样的分子问题……"这就是一个特定研究计划的叙事。你正在讲述自己的研究计划的话，也可以这样做。

简洁地解释一个项目，就像是在电梯里游说对方，ABT 是总能管用的工具，这就是叙事结构的力量的体现。我们将在本书第三部分详细论述一些细节。

黑格尔方法

"ABT 就是故事的 DNA。"亚利桑那州立大学商学院讲授叙事的教授帕克·豪威尔（Park Howell）最近在写给我的信中这样说。我相信他是对的，而且毫无夸张的成分。ABT 真的强有力，并且意义深刻。

我很快发现，有两位作者已经发现了一个相似的技巧的 DNA——辩论——并用它创建了自己的模板。

在《他们说，我说》（*They Say, I Say*）这本超级畅销教科书（自 2006 年出版以来已经卖了超过 100 万册）中，杰瑞·格拉夫（Jerry Graff）和凯西·伯肯斯坦（Cathy Birkenstein）帮助你用模板找到你的辩论结构。他们从简单想法的展示开始，首先是你的对手们所说的，然后是你不得不说的，再然后对这两种观点进行调解。

在这本著作的开头，他们说，"我们在这本书中关注的最重要的修辞活动是，'他们说 / 我说'模板，这个模板代表了深刻的、潜在的结构，有效的辩论就像是叙事的内在 DNA"。

现在，你有了两项技巧——讲故事和辩论。传统上认为，它们就像是相反的两极：一个带来真相中的乐趣，另一个试图寻找真相。其实，它们之间有着结构上的相似性。

看看这两个模板——ABT 和"他们说 / 我说",看到有什么相似性了吗?开头都需要基本的设定(ABT 需要一些基本事实,辩论需要其他人开始发言),中间都需要抛出一个问题(ABT 采用 BUT,辩论叙述'我必须说'的内容),最后两个模板都提出解决方案。

两个模板具有相似性并非巧合。它们都来自真正有趣的思想的核心 DNA。这就叫黑格尔的三段论,或黑格尔辩证法。18 世纪末和 19 世纪初最伟大的哲学家黑格尔首先指出的这一思想包括三个部分:立论、反驳、综合——和前面讲过的模板一样。这一思想支持了从逻辑到原因,到辩论,再到讲故事的每个方面。不难想象,它还支持着科学方法。

这才是你真正的 DNA。黑格尔三段论是这般的强大和普适,以至于我可以把这本书拆解成类似的三个部分。我所关心的是,在科学世界,叙事的重要性需要更清醒的认识。在这本书里,我用正题开头,我在其中描述今天科学世界的状态:虽然叙事无所不在,可依然缺乏对叙事的认识。紧接着,我展现对立面,我使出一套还没有广泛运用过的工具来补救叙事问题。最后,我把前两方面综合起来,我阐述有效的工具并提供我的故事理念，这才是传播知识的意义所在。

另一种结构化的元素也被采用。第一部分和第三部分（正题和合题）遵照 ABT 模板。这些共同之处让本书的叙事结构有着多种层次——就像几何分形图案，在不同的尺度上重现自己的特征。事实上，我愿意把 ABT 这三个字母的含义解读成"总是讲故事"（Always Be Telling Stories）。我们将深入其中，但现在我们要用另一种可能更加震撼的方法讲述同一件事。

科学需要模仿特里·帕克

现在你会相信我已经完全疯了。我正在推荐整个科学界成为特里·帕克。我可以这么说吗，这些年在好莱坞的生活和工作让我变成收容所里的精神病人？可能吧，但首先，请听我说完。

在《别做那样的科学家》里，我把知识看成人的大脑，区别于内脏。学术机构就像是处理各种信息的大脑，而好莱坞——这座感性之城——更像是肌肉。大学教授掌管大脑，但无法对肌肉发号施令。好莱坞正相反，它大脑平庸，却拥有肌肉的特质，能够以独特的方式振

大脑   信息性、文字性、分析性、科学性、学术性

肌肉   感觉、非字面意思、直观、艺术、好莱坞

图 3　大脑与肌肉。学术界是强壮的大脑，而好莱坞就像是浑身的肌肉，成功的叙事要求两者的结合。

奋大众。

　　让我们看看特里·帕克，他讲故事的时候就像一只500 磅重的粗鲁大猩猩。他没有研究生学历，他不是学者（我确定他会立即承认这一点），他从科罗拉多大学本科毕业后就搬进了好莱坞这所"讲故事健身房"，在这里不停地举着讲故事的杠铃，日复一日。

　　他练出"讲故事肱二头肌"是从 1997 年开始的，靠讲故事，一周又一周，不断地工作。他不知疲倦，毫不停歇，他的生活里没有"对，错，晚点再说"这样的选项。他和马特·斯通（Matt Stone）高度紧张地为动画片

《南方公园》创作精彩的故事，要么找到讲故事的不二法门，要么卷铺盖走人。不成功则成仁。

2011 年喜剧中心频道上映他们的纪录片的时候，帕克已经在讲故事方面练就一身肌肉了。《南方公园》创造了喜剧中心频道有史以来最高的收视率。帕克和斯通的音乐剧《摩门之书》（*The Book of Mormon*）在百老汇掀起风潮，赢得九项托尼奖。帕克的大脑已经成了叙事方面的大师，用这种力量，他可以凭借简单的 ABT 替换规则锤炼完整的故事（关于这一点，我会在后面进一步解释，他在大学里有所领悟，却在之后的常年实践中成为最好的编剧之一）。

目标：叙事直觉和叙事文化

特里·帕克和我在南加州大学电影学院的很多同学身上都有一种科学家们正用得着的东西——叙事直觉。叙事直觉不仅是指了解叙事基本规则的能力，还需要吸收、消化这些规则，让自己可以真正体会它们。特里·帕克就是此中翘楚。

近些年我在经验老到的编剧身上见到过叙事直觉。

他们有两项能力：第一，他们能创造简洁而扣人心弦的故事；第二，他们能发现一个故事中不够简练和扣人心弦的问题，并迅速修补它们。他们听完故事立即就能发现那些沉闷和混乱的地方。

如果科学家具备这样的特点，他们就可以修补或避免我之前提到的大部分问题。他们将敏感于故事的缺陷。他们将避免出现假阳性结果的错误。如果他们理解和重视叙事，出版物对阴性结果的歧视也会减少。如果他们对叙事有直觉感受，他们就能写出和说出不让人感到沉闷的内容，也不会出现总让人困惑的内容。整个专业领域都需要这样的改变。不，叙事直觉不能包治百病（科学思想为了严谨的检验总会把一些东西推到极端情况），但叙事直觉的确可以使很多问题药到病除。

叙事无与伦比的重要，它不仅是职场工具，也让世界具有意义。我写这本书的目的是敦促科学家把叙事问题提上日程。即便叙事在科学家的科学活动日程表上不是最优先的事项，它也应该占有一席之地。

消除科学研究和科学传播中存在的问题的唯一希望，就是在职业工作中实现叙事直觉。对叙事动力学的指导需要分为不同的层次，特别是在科学教育的一开始，这样才能让识别和构建叙事成为一种直觉。

　　如果一个组织内的好多人实现了叙事直觉，便可以发展出叙事文化。这种文化可以规范叙事的质量，从而产生一套最低标准。当每个人都有了一定程度的叙事技能之后，规范也会随之改变。一旦如此，人们就会在良性循环中发展，持续不断地产生新的规范。

　　这不是什么不切实际的希望。书中已经包含了必要的工具。我们接手这项任务，为之努力。

现在，旅途即将开始。

第 二 章

正 题

科学是古老的叙事世界的后来者。科学家面对着挑战。科学家们可能梦想着用非叙事的形式交流，要做的只是罗列信息，但最终事情没有朝着这个方向发展。如我说过的，"见到什么说什么"没那么容易。

我们不特殊

啊，还记得之前的电子邮件吗？电子邮件最不可思议的事情是没有音调变化。靠手写交流信息，至少作者可以用力，可以画掉写错的字母，还可以增加下画线强调要表达的愤怒或感动。但用电子邮件，除了电子字母和一些讨厌的表情符号以外，什么都没有了。电子邮件可能产生最坏的解读。

我跑到门外呼吸新鲜空气让自己放松，是因为那封令人震惊的电子邮件的开头是"嗯，兰迪……难道我们不特殊么"。我会用最糟糕的情绪来理解这封邮件。实际上，是我的心理暗示在起作用。

第二天早上我打电话给梅根，表达诚挚的歉意。我说我希望从这件事中抽身，我告诉她我有多么尊敬这两位科学家，以及我从来都不想说出那些挑衅的言辞。她不仅接受了我的退出，还认为我不需要道歉，应该道歉的反而是她自己。她说她不明白为什么会闹到这种地步，她起初以为我的协助会令科学家们兴奋不已。她始终不理解为什么会这样，但事已至此，她理解我的决定。

　　我们相互致歉，她接受我退出，我正要嗯嗯啊啊地结束通话，这时我的收件箱里进来了一封电子邮件，是那两位科学家中的一位写来的，我大声将它读给梅根听。

　　昨晚他和另一位科学家作了一番讨论。他说："我们坚信我们有足够的经验，我们也作过很多足够成功的报告，因此我们承担得起失败。我们打算接受你那些疯狂的主意——不入虎穴，焉得虎子。"

　　嗯……难道我们不是真的特殊么。我深刻地知道这两个家伙很棒，我因此才想退出，我不想和我尊敬的人发生冲突。现在，我立即来了精神，和梅根重新约定此事，在几分钟内与科学家开始 Skype 对话。

　　休斯顿，我们升空了。唷！

　　现在，我们准备好飞入讲故事的世界，请允许我更深入地介绍你的主持人——我本人。我的职业生涯的一半是科学家，另一半是个拍电影的。我在学院派和好莱坞之间左右逢源。这就是我。

兰迪修斯

　　人们喜欢用我的名字开玩笑，绰号是各式各样的，从兰德斯到兰迪蒙、兰多修斯、兰德修、兰德尔古、兰迪托拉、兰德曼,还有,你可以发挥想象力。我觉得兰迪是个很蠢的名字,它更适合《南方公园》的人物。

所以我要发布我自己版本的名字了,即兰迪修斯。我起这个名字给自己,是因为我喜欢《奥德赛》里的传奇人物奥德修斯(好吧,并不是这样,我只是随便一说),他经历过长途的跋涉。这很像我,至少是心理上的长途跋涉。

过去我以科学工作为生。我在哈佛大学获得生物学博士学位,在澳大利亚大堡礁的小岛上待过一年,在南极的冰下潜过水,在深海中行进过半英里,在60英尺深的海底生活过一个星期,还在大海中干过很多其他曾经渴望的有趣的和刺激的事情。

终于我当上了海洋生物学教授,指导研究生,评审主流的研究基金,包括国家自然科学基金的重大项目,我发表了20篇经过同行评议的论文,其中一篇发表于《自然》杂志,最后我成为新汉普郡大学的终身教授。这一切都意味着我是成功的科学家。我已经实现了大部分学术同仁们的梦想,拥有一份"旱涝保收的工作"(只有一个原因会被解雇,即严重的刑事犯罪)。

但是后来(真正的故事从这里开始了——这是结构

图 4　好莱坞就像独眼巨人。

化叙事的关键点，我们会在将来详细阐述），我离开了舒
适的平凡世界（另一个关键叙事），走上一段特殊的旅程
（这才是故事所在，我们铺垫得够多了）。

　　我从东部的科学乐土一路向西来到加利福尼亚。那
是 1994 年，社交网站、自动调频、卡洛驰（Crocs）品
牌都还没有出现。如同我对科学的热爱，我发现自己对

科学传播有着更大的兴趣。我辞去了教授职务，在脑子里盘算着一件大事。我满怀期待有一天回到科学界，分享我所经历的。

我的朋友们都被我搞得晕头转向了。关于我的流言四起，有人说我有身份认同危机，有人觉得我是精神崩溃。有个朋友发给我一张漫画，两个中年人站在公交车站，一个穿得像个海盗，另一个像牛仔，第二个人问："中年危机?"第一个人点头同意。但我最亲近的朋友都知道我目标明确，有朝一日一定会凯旋。

这感觉很像奥德修斯，我前往名为好莱坞的大海，准备对抗独眼巨人般的代理和律师们，希望能避开忘忧树果实的诱惑，也决定要看清夜总会和好莱坞社交中的妖女的魅惑。

就像奥德修斯，我不辱使命——没有人能毁掉我。我，兰迪修斯，最终活了下来，现在重返科学界——在我离开 20 年之后（这堪称奥德修斯的两次壮举！）准备与科学家分享我收获的知识。首先要分享的收获是，如何从外部看待科学界……

科学家喜爱复杂性

叙事动力学的基础是简单性，这跟科学不太一样，科学通常充满复杂性。我从自己的跨文化之旅中学到这一点，亲身体验了这种挑战。

在《别做那样的科学家》中，我分享了大量的经典瞬间。在好莱坞，我的科学意识显得突出，却滑稽可笑。这就是我起初的感受，前海洋生物学教授，用他自己的方式生活在浮华之城好莱坞。我的故事将生活一分为二，一半复杂，一半简单。

在南加州大学电影学院，我被选为班上的四个导演之一。我获得相当于 5 万美元的预算来制作一部电影短片，剧本是我为一个野外生存的音乐喜剧而写的。故事讲述了一个法学院的女生大考前夜在自己的厨房里被电死，行凶的是她的丈夫和丈夫的生意伙伴。在最后一幕，她的鬼魂回来复仇，与她丈夫办公室的秘书合作表演了一段关于阉割的歌舞节目。毫不客气地说，这部电影短片在南加州大学电影学院的气氛中，显得有那么一点儿不太寻常（即便影片中的男人受到了惩罚，我最终还是被指责为厌女症患者，这就是电影学院的政治态度）。

为了拍摄舞蹈的场景，我聘请了一位很棒的舞蹈艺术指导，名叫兰斯·麦克唐纳（Lance MacDonald），他在第二年成为"小"成本电影《泰坦尼克》（*Titanic*）的舞蹈指导助理。我们一起工作的第一天，我给他看了一组我起草的舞蹈场面的构图。

我把它们摊在桌子上，让兰斯细细查看。这些构图看起来就像足球场上的战术路线，充满了 X 和 O 的标记，它们分别表示不同的舞者，而箭头符号指明他们各自的运动，另一组标记 V 则代表摄像机所在位置。这些图看起来特别严谨，但我当时对舞蹈编排一无所知，我离开实验室才一年半。绘图是我工作中需要使用的分析方法。

兰斯对它们很着迷，研究了好一会儿。然后他站起来，拿着这些图纸走到房间的另一头说，"哇哦，这些真是了不起，我觉得你做得很棒，"他一边说着，一边把图纸都扔进了垃圾桶，"但我们不需要它们，你会明白的"。我目瞪口呆，但后来我懂了他的意思。

笨蛋，笨蛋，我就是一个笨蛋。我这个笨蛋科学家陷入复杂性里出不来，以为依靠复杂的图表，便能部署所有的细节。我终于体会到舞蹈设计是一门艺术，艺术的核心是简单。

兰斯开始工作，聘用舞蹈演员，在工作室里开始排练，两周以后他邀请摄像加入。他指挥演员的动作，他让演员时不时地保持不动，然后和摄像师寻找最佳的角度。他并没有让演员在镜头前起舞，而是让他们自己跳，再用镜头去捕捉他们。而我，一个什么都不懂的新手，只能坐在一边看着。

按照我的图纸进行的话，我们的排练将一团混乱，演员们彼此相撞，试图在精确的时间找到镜头前合适的角度，苦不堪言。而兰斯实现了平稳、流畅、有组织和有趣的表演，并以完美的拍摄而告终。那么简单，那么完美，那么成熟。

这一切就是达·芬奇那句名言的体现：

简单是复杂的最终形式。

我讲这个小故事，是因为它命中了这本书的核心。这也是今天很多书和工作坊试图解决的问题，事关故事主题和叙事。大部分故事的问题在于，它们太执着于复杂性，就像我那些舞蹈设计图纸。

我见到有些书充满了图表，一章又一章地讲述主人公、反派、事件、高潮、故事线、修辞、立意……用复杂性表现所有令人兴奋和刺激的事，但我不禁要问，这有效吗？有必要吗？

这就是复杂性带来的问题。它过分地产生刺激，但观众难以持久地抓住什么东西，最后什么也记不住。就像站立在城市上方的悬崖边谈论着诱人的景色。你可能目睹奇观，但你必须撤退，除了跟别人说"哇哦，真棒"以外，不会留下什么别的。你只是看看，复杂性让你难以企及。

因此，我才用步步为营的方式接近整个故事的核心概念。逐步趋近的核心思想是"简单性可以撑起复杂问题"。就像是一块冰晶，第一眼看上去我们可能会惊叹于复杂的结构，但靠近观察才发现这种复杂只不过是单一的特征不断地重复。ABT 的模板就是这样一种可以被重复利用的特征。

我坚定地相信这个例子适用于所有的故事，我不是孤独的。约翰·约克（John Yorke）在他杰出的著作《进入树林：叙事怎样起作用以及我们为什么要讲故事》（*Into the Woods: How Stories Work and Why We Tell Them*）中提出了讲故事的自然分形概念的细节。他写道："故事植根于活动，活动植根于场景，场景植根于更小的单位，我们称之为拍子。所有的拍子可以分为三部分，即三种活动的分形版本。"基于此，单独的、简单的结构，可以建构出无尽的复杂体系。

复杂是有意思的，让人兴奋和刺激，是不可重复的。这些都是娱乐的核心元素。但我依然提倡简单——发展更好的叙事的直觉，只用几个基本工具，反复使用。如果你的注意力涣散以至于无法支撑动作的重复，那么我不确定你可以发展出叙事的直觉。因为叙事是关于简单和重复的活动。

我会反复回顾这个主题。科学家为了引发争论喜欢进攻。这是一个崇尚批判的时代，但你不能让争论扰乱简单性。其中是有区别的，就像达·芬奇所指出的，简单性与复杂性相关。

现在让我们开始考虑科学的世界，更大的叙事世界存在其中。

1

在叙事的世界里科学束手无策

叙事的悠久历史：吉尔伽美什

如果你知道吉尔伽美什是谁，请举手。这是我在一群科学家中做的又一项测试，这再一次表明，我并不比谁强。直到几个月之前我开始写作这本书的时候，我都不知道吉尔伽美什是谁。人类的教育中就是有这样的漏洞。

吉尔伽美什位于整个叙事概念的开端。他的故事是人类的第一个故事，也意味着文学的诞生。在 4000 年前的美索不达米亚，他是伟大而强有力的领袖，统治国土 126 年。早期的讲故事者把他的史诗传奇刻在了泥板上。在吉尔伽美什之后，文字的历史已经让我们像某种"讲故事的动物"，这个比喻来自乔纳森·高特肖（Jonathan Gottschall）在 2013 年出版的新书的书名。高特肖认为，讲故事（或者叙事，如果你更喜欢这么说）遍及我们今天日常生活的每个方面。

从吉尔伽美什出发，我们跳跃 2000 多年到下一个叙事的重大里程碑事件，即亚里士多德和古希腊人。亚里士多德意识到，讲故事需要特定的结构。在《诗学》中他谈到戏剧表演和故事的这一结构。亚里士多德将故事结构分解为 5 个基本部分。开篇称为序幕，结尾叫尾声，中间有一连串循环，每一个都包含三部分：入场（Parados）、场次（Episode）、合唱歌（Stasimon）。甚至在今天，当我们考虑讲故事的时候，经常还会用到中间部分的"场次"概念。

我们发现，科学研究和讲故事在思维结构上有着很大的关联。科学项目中最主要的部分是什么？你从汇总的知识背景出发（前言），然后重复提出和检验假设（方法和结果），到最后发现答案。在这个部分，你要综合所有因素一起讨论。

请看图 5 并列的这两种结构。这是我将不断重复的第一个例子："哥们儿，这完全是一回事!"——这就是我的合作者多莉·巴顿在工作坊里讨论故事结构时对我说的。起初，我作为科学家不欢迎这个建议，我确定有很多很多故事的种类。但假以时日，我发现自己越来越

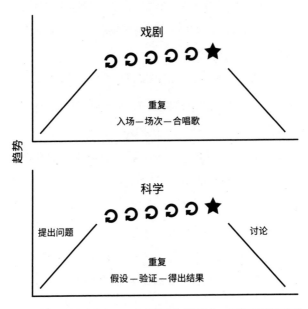

图 5　上图是亚里士多德在 2000 年前描述的戏剧结构，下图是科学家应该如何阐明自己的研究项目。看出相似性了吗？

同意她的说法，我希望你也能同意她。很多叙事原则都可以归结为同样的核心结构。

当然，久而久之，支撑起整个故事的结构会呈现出不同的种类，浪漫的、恐惧的、喜剧的、幻想的……看起来有那么多不同的故事类型。只要你愿意，你可以在无限复杂的类型中迷失。简单地看，你也可能在无限复杂的生物多样性中迷失——惊叹所有的事，从形状怪异的犁头鳐，到长着意大利面那样的九头怪形象的蓝海星。你会坐下来惊叹，"哇哦，所有的物种都彼此差别巨大，不同的生命如此复杂！"

但是等一下，哥们儿，我们要谈论的是核心，是故事的 DNA。不同物种的基因可以追溯到碱基对最初的原始序列。你可以选择致力于迷惑的复杂性，或许你也可以寻找最核心的简单性。找到那个简单的核心会让你说："我见到了这些不同的形态是如何从一个原型中分化出来的。"那多种多样的形态令人兴奋，但是没有固定的方向。而原型，让世界显露了意义。

讲故事也是这个道理——所有不同的类型都可以追溯到一个共同的传统。这就是人类学家约瑟夫·坎贝尔（Joseph Campbell）在 20 世纪前半叶所注意到的。他将分析的视角——本质上是科学家的思想——带入了传统的缺乏分析的叙事世界。就像演化生物学家在物种中寻找共同的后代，他在故事中寻找不同文化和宗教的共同结构。

1949 年，他写下了标志性的著作《千面英雄》(The Hero with A Thousand Faces)，在书的开篇中他写道："在人类的大量神话和宗教中当然存在着不同，但这本书讨论的是它们之间的相似性。"这篇序言也代表着他最终要传达的信息："哥们儿，这完全是一回事。"

坎贝尔看见了一个单一的共同的结构支撑起全世界的故事。他给这个结构起名叫"神话故事原型"(monomyth)。猜一猜结构中包含几个主要部分？三个。开始，经过和结尾。这与黑格尔预言的完全一致。

说到"三"这个数字，在几个世纪以来的叙事文学中，还有什么也受此影响？戏剧表演的基本结构、小说以及电影都采用三段式结构。今天，它已经成为你看过的每一部电影的核心，这些电影同样深刻植入了三段式的结构，深刻到让你无法忽视它。

科学简史

现在，是时候讨论科学的历史了。我们已经了解到人类有文字以来，已经讲了至少 4000 年故事。那么科学论文的写作有多久了？答案是不到讲故事历史的 10%，大约 400 年。

早在这之前就有科学家的存在。公元 100 年的埃及有托勒密，差不多 1000 年后的美索不达米亚有伊本·海赛姆（Ibnal-Haytham）（绰号托勒密第二），他开创了光学和实验物理学。但在正式刊物上发表科学研究的报告，开始于 1665 年，最早的报告发表于《皇家学会哲学通讯》（*Philosophical Transations of the Royal Society*）第一卷。早期的科学研究报告以非常文学的风格写成，不分章节，更像散文，通常以第三人称叙述，比如"最近，罗伯特·波义耳得出了这样的结论，他发现……"

几百年来的变化，让学术文章一改之前的描述性的只言片语，转而开始采用研究者撰写实验报告的形式。19 世纪末，论文已经有了清晰的结构，逐段论述理论、实验和讨论（多么巧合，又是三部分）。最终，在 20 世纪，学术论文几乎普遍地采用了今天的科学论文模板，也就是我一开始提到的 IMRAD 结构（在我讲过之后，请不要再忘记它了）。IMRAD 虽然包括四个部分，但方法和讨论部分通常会合并，这部分也就是故事的中间环节。

科学是古老的叙事世界的后来者。科学家面对着挑

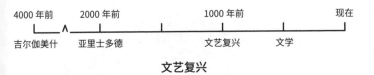

文艺复兴

图 6　科学姗姗来迟。人文领域至少有 4000 年的历史，而科学差不多最近才出现。

战。科学家们可能梦想着用非叙事的形式交流，要做的只是罗列信息，但最终事情没有朝着这个方向发展。如我说过的，"见到什么说什么"没那么容易。让我们再深入一步探讨。

大脑的程序是有缺陷的

人们听得进去几条事实，但不会听进去太多，一段时间之后必须依靠叙事的力量抓住他们的注意力。你可以上一堂纯粹罗列信息而没有任何叙事的课，听众可能会忍耐一个半小时，也可能在结束之前就走出去。但同样的听众，会为了好故事听上几个小时。

你可以给听众不停地讲述漫长的故事，他们会毫无怨言地坐着听完所有的场次。这就是叙事的力量。

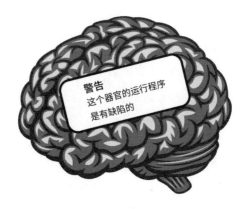

图 7 人脑。如果这是一件待售的商品，上面必须贴着这样的标签。

这是你大脑的缺陷的一个方面。科学家们希望大脑能给我们灌输事实，供我们使用，但它做不到。大脑需要信息以特定的形式打包。这种情况会产生各种对信息的曲解，哪怕你有着特别明确的目标。《纽约时报》专栏作家尼古拉斯·克里斯托弗（Nicholas Kristof）在他的文章中清晰地指出了这一点，我鼓励我工作坊的参与者多读一读这篇文章。

尼古拉斯·克里斯托弗警告世界注意故事讲述中的问题

　　尼古拉斯·克里斯托弗两次获得普利策奖，他发表了一篇超级短小的、简单的（我喜欢这样）和有着广泛实际意义的文章，讲述了大众传媒中讲故事的力量。我不确定他是否同意我称这篇文章为充满警告的杂文，但文章中有太多对讲故事问题的警示。

　　这篇文章最让人惊讶的是，他没有将其发表于学术刊物或是《纽约时报》的专栏，而是发表于 2009 年的《户外》（Outside）杂志。文章标题"尼古拉斯·克里斯托弗对拯救世界的建议"非常贴切。如果要我把整篇文章概括为一句话，我会说，"你试图改变别人的想法之前，应该意识到人脑的程序性缺陷"。

　　交流并非告诉人们你想让他们听到或知道的事，而是要明确自己的目标，然后回过头来理解大脑如何工作，才能成功地传达你的信息。你需要把你的信息组装成正确的形式，让它们便于进入别的大脑。

　　"以其人之道，还治其人之身"，这样的铁律应该抛弃了。克里斯托弗认为，没有人会在乎你想让别人怎么对你，你需要搞明白的是人们想要得到什么，然后在工作中考虑这些条件。

　　这些都是科学家应该考虑的基本问题。科学家如果搞不明白为什么人们对你讲的内容不感兴趣，基本上结果只能是失败的。科学家们总是说"人们需要知道这个",把自己要传达的内容看作基本的科学素养。当然,我同意科学家的目标,但在你气愤人们不听你讲之前,你真的需要对人们如何思考问题有一些基本了解。

个体:具体情况中的讲故事的力量

克里斯托弗在各种失败的教训中指出了最重要的原则,即讲故事中"1的力量",我们还可以称之为"个体叙事"的力量。举个简单的例子,如果你讲了这样一个故事:一个非洲的小姑娘生病了,她只能活到明年。当然,我们会觉得悲伤。但如果我们这样讲故事:有两个非洲小姑娘,她们得了病,只能活到明年。你的悲伤感会因此而翻倍吗?

死亡的人数是原来的两倍。想象一下第一个小姑娘家庭的痛苦,你可以感觉得到。再想象一下同样的痛苦发生在第二个小姑娘的家里。1＋1＝2,对吧?悲伤的感觉翻一倍似乎说得通。但你知道自己的感受不是如此,为什么会这样?为什么悲伤并不会随着遇难人数的增加而简单地增长?

这就是故事讲述中糟糕的、不合逻辑的、违背直觉的，甚至危险的性质。克里斯托弗指出，"个体生命的死亡是一场悲剧，而 100 万人的死亡只是一个统计数字"。这道出了科学家叙事失误的本质——为什么感受不是数字相加？100 万远远大于 1，但这和科学研究的样本量不是一回事，你不能总想着大样本。

很抱歉，但这不仅仅是数字这么简单。人们只会在意那些感动自己、触痛自己、进入自己内心的和自己产生关联的事。一个人的故事可以有力地打动你，但 5 个人就有点难，100 个人非常难，而 100 万人……对你来说就只是一个统计数字，它和你没有连接。这就像我们谈论城市中的景象所说的——那么大的场面，留得下来的记忆那么少。

这就是你需要谨记心间的叙事的核心原则，即便你记住了，也还有可能犯错误。如果你没掌握这个原则，你可能就是那种演讲者：你讲了自己实验室里发生的 18 件不同的事，每件事对你自己来说都充满激情，但没有一个听众明天还记得。

这就相当于"少即是多"的原理。科学家掌握这一点真是难之又难。你问我怎么知道的？因为我曾经是科学家，我曾经做过一个 12 分钟的报告，播放了 73 页幻灯片。我现在也会这么干，我只能说，我脑子短路了。但至少我现在意识到这么做不对。我用这个例子开头，是想表达叙事的技术是灵活多变的，甚至是危险的。潜台词的意思是说，叙事中最重要的原则之一是，讲故事的力量隐藏在具体对象中。

缺乏具体对象的故事是无力的。政治家的演讲常常令人感到乏味，因为他们不想当选以后被具体事物牵绊。他们说："你们选了我，我将改善我们的社区。"大众问他如何改善，政治家回答："尽一切努力来改善。"大众彻底烦了，他们需要具体的细节才有兴趣听下去。

如果你考虑一下这个现象，你会发现讲故事的逻辑如何在这里起作用。讲述个人的事例可以实现具体对象的表述。讲两个人的故事就丧失了一定的具体性。讲述个体的故事是叙事力量最大化的方式。而这样的规则恰好也反映了简单性的重要，一个人的故事比两个人的简单。

"人们喜欢简单的故事"，你总能听见这样的话，在很多方面这么说都是成立的。对于那些想要阐述真相的人来说，这个道理十分让人泄气，虽然真相是复杂的，但叙事的方式只能凭借简单性原则。更有挑战性的过程是，用简单的方式讲述复杂的东西。

　　想一想这意味着什么。如果你去非洲认识了村子里的 3 位小姑娘，她们因为疾病而生命垂危，你希望鼓动美国人捐钱救助她们。你的直觉可能会让你想讲述这 3 个小姑娘的复杂的故事。这是你的天性，你希望没有遗漏，你希望对 3 个姑娘一视同仁。但悲伤的事实是，如果你真的想帮助她们，你就只能选一个人，只深刻讲述她自己的故事，用尽可能多的细节来加强力量。这样一来，你有更大的把握能打动人们。最终 3 个小姑娘都可以因为你的这个决策而受益。

　　请注意，我并不是在鼓励你把你和 3 位同事一起做出的科研成果说成是你一个人的功劳。有时候一个人的故事并不管用，你不能欺骗自己的同事。我所要说的是，你必须理解这些基本的叙事原理，并把它们应用到最合适的地方去。

　　讲述简单的故事可能会让人觉得泄气，也可能对所有科学家来说都是最重要的挑战。科学家总是倾向于无休止地罗列事实，却无法找到让每个人都集中注意力的个体叙事，这就是很多科学故事（包括全球变暖问题）不能让公众产生共鸣的重要原因。

为什么如此热衷于叙事？

那么，叙事为什么重要？为什么每个人都在谈论它？我们要看一看叙事如何起作用，从而更科学地了解叙事的力量。我们只讲一个小而精的例子：一个可以表达叙事效果的神经生理学项目。

2008 年，乌里·哈森（Uri Hasson）和同事们发展了神经电影学领域。他们用功能核磁共振成像来观测人们观看电影片段时的大脑活动，这两个电影片段中，一个具有叙事化结构，一个不具有叙事化结构。

让我们说得更清楚一些，我很怀疑当今流行的神经生理学故事。我爱 2013 年《纽约客》上亚当·高普尼克（Adam Gopnik）的文章"一不留神：新的神经生理学怀疑者"。我同时也是一个英国博客"神经科学的胡言乱语：为你揭露伪科学"的粉丝，这个博客也持有同样的怀疑论。

和哈森讨论他的工作给我留下了深刻印象。他立即强调自己的工作的限制。我尝试问他是否测量了人脑对各种微小变化的反应。他颤抖着反复警告我要注意功能性核磁共振的限制条件。我在这里要介绍的他的这项工作，如你即将看到的那样，是特别简单的。

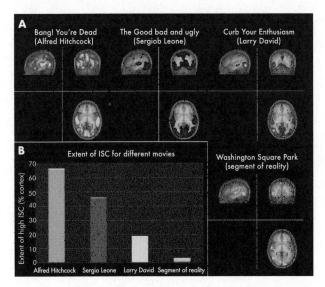

图 8 神经电影学。利用功能性磁共振成像，哈森和同事们记录了实验对象观看不同影片片段时的大脑活动。这些片段分为高度叙事化结构（例如希区柯克的悬疑电影）的和非叙事结构（人们漫无目的地在华盛顿广场公园散步）两部分。所有观察对象之间的大脑活动的相似指数（实验对象间相关性，ISC）显示观看叙事化影片的对象有着强得多的大脑活动相似性。

　　哈森的团队将叙事结构看作一种连续的光谱，跟我在前言中提到的一样。在光谱的一端是一段希区柯克悬疑电影的片段（高度叙事化），另一端是人们在华盛顿广场公园附近漫步的片段（非叙事化）。功能性磁共振成像发现了两个主要结论：

1. 叙事激活了大脑。观看叙事化片段的人们比那些观看非叙事化片段的人们有着强烈得多的大脑活动。

2. 叙事将一群人的思想统一起来。是的，我知道"群体思想"是坏事，但这一效应不同于群体思想。如果给一群人讲一个同样的故事，并且采用强烈的叙事化结构，他们的大脑将显示出相似的活动模式。人们观看希区柯克的高度叙事化电影片段的时候，人与人之间大脑活动模式的相似性，比观看公园漫步片段的人群更强。哈森的团队计算了所有实验对象的相似指数（实验对象间相关性，ISC），他们发现观看叙事化电影片段的对象有着70%的相似度，而观看非叙事化电影片段的对象的相似度只有10%到20%。

这实在没什么好惊讶的。你所看到的只是观众处在充满悬念的电影场景中，就像是有人拿枪指着他。差不多每个人都在考虑同样的问题："他会开枪吗？"相反，如果你给人们放映非叙事化的电影片段，他们的思维会开始游走。从希区柯克的电影场景中走出来的每个人都觉得那个家伙可能会开枪，而观看公园漫步电影片段的人们会有着更宽泛的体验：有人觉得这个场景和广场上的鸽子有关，而其他人会觉得人们坐在公园的长椅上……

在科学论文的写作中何时、何处采用叙事的力量会有截然不同的结果。科学通过假设—演绎方法取得进步。一旦你掌握了科学数据，把数据发布给你的听众，在听众看来，你是在用你的全部经验和知识告诉他们你的理解。而他们当然可以有自己的理解。这就是所谓的"讨论"。

对于一场有效的沟通，你希望看到的是专注，即每个人都有相同的想法占据了大部分的头脑（我们假设头脑的容量正比于思维的活动量）。叙事的力量让你把大家拉到一起。那么当然，这种力量明显可以在思维层面上把大家统一起来。

问题解决者的联盟

叙事怎样统一思想？看一看第二次世界大战吧，这可能是人类历史上最大规模的统一实践。每一个美国人都面对同样的问题——怎样打赢这场战争。每个人彼此息息相关，最终获得了胜利。他们当中大部分人战后不再有什么关联——但战争中的休戚与共却是他们生命中最重要的体验。

这便是经典作品《好的战争》(The Good War) 一书的主题，作者斯特兹·特克尔 (Studs Terkel) 赢得了1985 年普利策非虚构作品奖。特克尔告诉大家"二战"怎样成为那整整一代人心中最有意义的体验。甚至那些不曾靠近战争的人——他们可能整个战争期间都只是在面包店工作，那段日子也让他们觉得烤面包的工作如此重要，觉得已经为战争胜利做了一部分贡献。然而一旦问题解决了（比如打赢了），他们当中大部分人都会说他们再也不会有曾经那么充满意义的生活了（注意"充满意义"这个说法，我们讲到杜布赞斯基模板的时候会用到）。

识别出叙事核心中的问题——解决动力学，只是一个开始。对很多跟我学习讲故事的人来说，还有更多的路要走。我问他们："这份材料的核心问题是什么？"他们回答："我们希望告诉公众我们的湿地管理存在问题。"然后我说："对，问题中最本质的问题又是什么？"他们回答："我们已经破坏了太多的湿地。"我说，"说到这，你已经找到了最本质的问题，你们试图解决它，你们会问，我们怎样才能停止破坏大量湿地。现在，你可以围绕着这样的逻辑讲述你的故事"。

讲故事需要正确了解问题所在。就像是了解《乱世佳人》（*Gone with the Wind*）里斯嘉丽的问题，《卡萨布兰卡》（*Casablanca*）中里克的问题，地球上 ET 的问题，以及遥远星系中的天行者卢克的问题。一直这样做，直到所有的问题都得到解决，科学也应如此，你觉得科学家在叙事方面更在行吗？

他们为什么不行？

撇开人文学科

作为科学家，我过去没有意识到我在自己的教育里错过了什么。直到我从新罕布尔什大学舒服的生物系搬到紧张的好莱坞叙事世界，我才明白曾经在我身上发生了什么。

作为终身教授，我觉得我知道很多东西。我满怀着期待迎接好莱坞的挑战，但没有料到的是，我一路高歌猛进成为科学家，这让我处理生活中其他方面问题的时候显得力不从心。在电影学院生活一个星期，就让我的缺点显露无遗。我同班的 50 位同学几乎全都拥有人文学科的本科学位——英语、历史、艺术、音乐等。我是同学中唯一的科学家。他们在一种深入直觉的层面上理解叙事，而我不行。

尽管我已经有了心理准备，但还是在我的音乐喜剧短片的制作中显露出了这样的障碍。我拍了那部古怪而粗糙的电影，观众很欣赏它，但它没有真正讲出一个好故事。但即便我的背景中有这样的不足，我带着科学思想进入电影的世界也不会完全没有用处。人物和设置跟科学研究过程完全不同，但也总还有一些类似的感觉可以遵循。所以当很多人问我从科学界转入电影界是一种多么奇怪的体验时，我总是这样回答：更令我震惊的其实是科学与电影这两个世界的相似性，而非它们的不同。

那么，我的旅程开始了。38 岁，我对讲故事一无所知，我也不知道叙事有多么重要以及叙事如何渗透到周围的一切中。我凭什么要知道那些？我一直是按照科学家的方式被教育的。

也许你也是如此。这就是问题的实质。科学家仅仅被训练成科学家——这意味着在他们读本科期间，他们的能力完全没有在人文学科上有任何发展。我个人肯定是这样，而且我知道我不是孤例。

两年以前，我和美国科学促进会（AAAS，世界上最大的科学组织）的一群人谈到这一点。那次，AAAS 的负责人艾伦·莱什纳（Alan Leshner）打断我说："我也是如此——我上大学的时候，想要学的就只有科学，我忽略了几乎全部人文学科的课程。"

只有过去这样吗？很难说。斯蒂芬妮·尹（Stephanie Yin）从布朗大学毕业后做我的助手，我和她谈及此事，她说在布朗大学，学校让学生自己设计课程体系（布朗大学如此前卫一点儿也不奇怪）。你猜她是怎么做的——和艾伦·莱什纳完全一样，忽略了几乎所有人文学科。她上大学，知道自己想成为科学家，于是单刀直入选择科学课程。在科学课程之外，她上过一个创意非虚构写作班，一门漫画课，参加过一个华裔美国人历史讨论组，还学过几个学期的印度语。仅此而已。没有美国文学史，没有西方文明，没有莎士比亚——除了科学什么都没有。

在我为美国国家健康研究所的博士后们举办的一个工作坊中，我问过一个更重要的问题：他们中有多少人，在受教育的过程中，接受过某种基本的叙事原理的训练？答案是一个也没有。

科学家被训练成具有批判性的直肠子，很多读者可能会说："你了解得不够全面，我有不少科学家朋友上过很多人文学科的课程。"是的，我也这样认为。但是请相信我，总的来说，科学专业学生中的大多数人缺乏人文学科的教育。但这不是他们的错。科学本身就很有意思，为什么要浪费时间读狄更斯和乔叟呢？你能在其中找寻生命本身的定义吗？

那么为什么这算是个问题？我要提及几位著名的科学家，后文中你还会多次见到他们的名字。首先出场的是詹姆士·沃森（James Watson）。他不仅是 DNA 结构的发现者之一，他还写过一本关于个人经验的大作，这本书经受住了时间的考验。我们会在第三部分解析这本书的叙事结构。（是的，我完全意识到了他当然有资格介绍自己的发现。但请注意，他恰恰在书中采用了我们前面讲过的个体叙事的力量。他很好地了解到这种叙事力量，用自己的经历与读者沟通。但我并不建议你效仿他，因为他以错误的方式运用了叙事原理，有损于其他方面的原则。但我呼吁你像沃森一样，深刻地理解叙事是如何起作用的，以及在恰当的时候利用你自己的优势。）

猜猜沃森的本科教育是什么状况？《避免打扰别人：从科学的一生中学到的》（*Avoid Boring People : Lessons from a Life in Science*），他的自传的标题充满了小心翼翼。在其中，他讲到本科期间最好的老师，他说，"特别令人触动的是格林（Green）的人文课程，里面讲到陀思妥耶夫斯基的《卡拉马佐夫兄弟》中的大法官，还有在宗教权威下自由和安全之间的选择。"猜一猜我在本科期间学过几节有关陀思妥耶夫斯基的课？

在后面的章节中，你会看到沃森运用近乎完美的叙事结构写下了可能是科学史上最重要的学术论文，也就是我们后来所说的《双螺旋》（*The Double Helix*）。他在科学上的造诣和他的人文素养基础之间的关联，并非巧合。很明显，他有着强大的叙事直觉。

在研究生院我上过两位老师的课，我仰慕他们的沟通技巧。斯蒂芬·杰伊（Stephen Jay）和 E. O. 威尔逊（E. O. Wilson），两位都是传奇的生物学家，同时也是杰出的教师，两个人都有着很高的人文素养。我之所以与这两位老师气味相投，部分原因是我意识到，他们有着我不曾学习过的智慧。

让我告诉你我花了多久才弥补了自己的缺陷。在1994年电影学院的迎新周上，三名研究生"学长"（他们可能比我年轻十岁）和我们交流，给了我们一些长期的建议。他们的意思很明确：当你毕业的时候，好莱坞唯一看重的就是你的写作技巧。他们不在乎你是不是导演过什么大片——如果电影公司想找一位导演的话，会去找商业片导演，他们已经磨炼过自己的视觉技巧。电影学院是专门培育电影制作中思想元素的基地，这种元素便是写作。所以你最好开始考虑写出三部了不起的剧本，毕业的时候卖掉它们，因为这将是你唯一的出路。

关于写作的学习基本上围绕着如何讲故事进行，而我忽略了电影学院关于学习写作的建议。讲故事，要求你已经具有所谓的叙事直觉。我所有的同班同学都已经在本科期间读过成堆的小说。他们的头脑中已经烙进了叙事的模板。相反，我买过的书全是关于生物演化的。我可以给他们好好讲讲有爪类和缓步类动物的区别，那会是他们从来不曾听说过的事，但我没有他们那样的叙事背景。

那么，你觉得在电影学院待了三年、上过五门写作课之后的我还是赶不上他们吗？是的。从电影学院离开后，我写了一部剧本，并且导演了一部带有喜剧元素的电影，在这之后，我又为好莱坞最杰出的三家机构之一写剧本，拍了一部广为传播的有关海洋的电影短片 [我和喜剧明星杰克·布莱克（Jack Black）制作的公益广告在非直播时段募集了超过一千万美元的捐助]，情况如何？还是不行。

整个过程，从一开始制作电影，到最终意识到某种深刻的、直觉层面的叙事的重要性，我走过了 16 年的时间。最终唤醒我的，是 2005 年我在制作纪录片《一群渡渡鸟》（Flock of Dodos）的时候发生的一件事，我在《别做那样的科学家》一书中讲过这个故事。

这是多么困难和充满挑战性的事啊，特别是在如果你已经开始把你的大脑固化成科学家思维模式的情况下。看起来就没有希望了吗？不，你只是必须接受现实，然后付出时间和努力。好消息是，这种叙事训练是值得的，因为今天的世界对传播的需要大大增加，这是大势所趋。

这是叙事的世界：解决好它

说到讲故事，还有很多其他的规则，它们可能违背直觉所以难以掌握。我在后面会讲得更多一点儿，但现在，我们要回到基本的要点——科学在叙事的世界里束手无策。其结果是，科学家自己没有什么拿得出手的独特的交流模式。相反，他们只能对现有世界的预言模式进行模仿。

即便我们形成一种所谓的科学传播的整套原理，我也会说科学传播的方法中不存在什么独特之处。实际上，"科学传播"的标签恐怕还传达了错误的信息。我见过这样的人，他们说，"我是一名科学传播者"，听上去似乎有着某种独特性。其实这就像是说自己是一名"棒球运动员"或是"橄榄球运动员"——不同的体育项目中都一样需要运动。在不同的传播形式中，叙事的原理也是一样的。

我说过，科学期刊始于 1665 年，当时科学家们写作论文采用了自己的文学形式，但最终黑格尔三段论接管了科学论文的结构。可能某一天，科学还会发展出它自己的新的结构模板，也许将不再符合叙事原理和黑格尔结构，但现在还没有这样的迹象。也没有任何迹象表明，在我们的社会中叙事的重要性在降低。请看图 9，它显示了最近几十年出版的图书中"叙事"一词的使用频率。

过去 20 年，"叙事"一词的使用呈井喷式增长，与信息爆炸的时代吻合。今天，你会频繁地听到新闻播音员、政治家、记者、历史学家、经济学家——太多人试图在今天吵闹的世界发声——都在使用这个词。电视节目《每日秀》（*The Daily Show*）上，乔恩·斯图尔特（Jon Stewart）问奥巴马总统："你接受民主党的叙事吗？"在

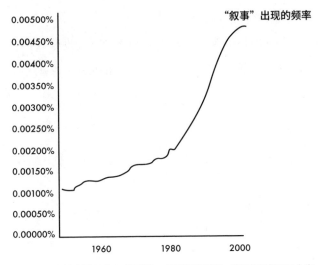

图9 在最近出版的图书中"叙事"一词出现的频率。谷歌的词频显示允许你搜索一个词汇在过去几十年的出版物中出现的情况。20世纪80年代的信息爆炸让"叙事"一词开始被大规模使用。

过去可不总是这样的。我保证，如果你看过那个新闻主持人沃尔特·克朗凯特（Walter Cronkite）的所有节目，你从来都不会听到他谈论越南叙事，或是太空竞赛叙事，或是中国叙事。他不用这个词。

今天，叙事比比皆是。为什么叙事会如此无所不在？究其原因，我认为是信息饱和。叙事是讲故事，故事链接了一系列随着时间发展的事件，具有大尺度的特征。当信息变得超级丰富的时候，人们唯一的逻辑就是寻找高度特征化的东西。

如果我们接受了科学家不擅于在叙事的世界中生存这一事实，那么可以通过一些什么样的帮助来改善这一点呢？

2

并且人文学科应该提供帮助

这是一个很棒的主意。你是大学校园里的科学家，你已经意识到你需要叙事方面的帮助，你还意识到校园的另一边有着一群从事人文学科的家伙，他们整日和叙事打交道。为什么不找他们帮忙呢？

在告诉你为什么不行之前，我先解释一下为什么行。在完美的世界里寻找人文学科的同事帮忙，是一个完美的主意。科学实际上与"那些人"所做的事有很多的共同点。

哥们儿，这真的是一个完全一样的故事

让我们看一看科学和人文学科分别是怎样面对问题和解决问题的。很明显，科学方法是解决问题的实践。网上和词典上对科学方法的定义如下：

一种研究方法，利用这样的方法，首先发现问题并观察、实验，或是收集其他相关数据，然后用它们构建和测试一些假设，直到解决问题。

注意"问题"和"解决"这两个词，你以疑问的形式抛出一个问题，然后去寻求答案。这就是科学家们整天干的事，日复一日这样干。

现在让我们回顾一下故事的结构和约瑟夫·坎贝尔——这家伙有着科学家的头脑，他在 20 世纪 40 年代破解了讲故事的秘密。我说过，他找到了一种普适的故事结构，他将其称为"英雄之旅"。他还描述过循环形式的故事结构。在坎贝尔超级简单的概念里，故事从某一刻开始（可以是物理世界的时间，也可以是思维中的时间），我们从那里启程，做出一些努力，最终找到回来的道路——本质上就是一个封闭的循环。这是我们要掌握如何讲故事的第一步——一场大的循环之旅。在《绿野仙踪》（*The Wizard of OZ*）的例子中（我举这个例子是为了讲述讲故事的方法），桃乐丝离开堪萨斯，她来到奥兹国，最终找到了回到堪萨斯的家的路——完美的循环。

掌握讲故事的第二点是把故事看作两个世界——日常世界和例外世界之间的旅程。坎贝尔称它们为普通世界和特定世界（如图 10 所示）。

普通世界是你生活的世界，你沉浸其中，渴望过完一生。在这个世界里，你完全舒适、安全、有保障。你从未想过要离开这个世界。但生活中发生的意外把你踢出了普通世界（比如被一场龙卷风卷走）。一旦你离开了普通世界，你心头就只有一件大事，活着也只有一个目

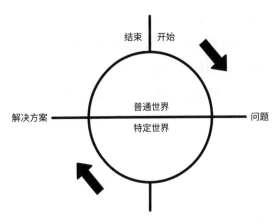

图 10　故事循环。没有什么比这个更简单了，这个循环就是我们的叙事本质的一部分。

标。这便是，找到一条出路，好回到你那个舒适的世界去。桃乐丝落到奥兹国后最想做的是什么？回家——回到自己的普通世界。

这一切意味着，你刚一离开自己的普通世界，就自动遇到了问题（如何回家），你需要经历一场旅途找到解决方案。旅程中有你的故事——在"问题—解决"模式中的丰富体验。科学也是如此，哥们儿，这是一样的故事。

当你学会用这种方式看待一个故事，你也可以这样看待自己日常生活中每天的体验。你在家里开始一天的生活（普通世界），你到某些地方经历冒险（特定世界），最终回到家——希望你的旅途还不错。到了晚上，你来到酒吧跟你的朋友讲述你这一天的"故事"。

很明显，捷径就是冲到你所在大学的文学院里大喊："有人可以帮助我们解决叙事的问题吗？"

但我真的不推荐这么做。我将告诉你为什么。

3

但是人文学科对此无能为力

好吧，在被一群穿着粗花呢夹克、戴着护肘的教授处以私刑之前，让我藏到我的朋友杰瑞·格拉夫身后去吧。他除了和夫人凯西·伯肯斯坦一起写出超级流行的辩论教科书《他们说，我说》之外，还喜欢猛烈抨击学院派。特别是，他凭借《学术界的无能》（Clueless in Academe）一书，用刺耳的预言当众羞辱学术界，那些话我永远也说不出来。书的第一章的标题是"黑夜里所有的书呆子都是灰暗的"。

哇喔，我是多么爱你啊，杰瑞·格拉夫，我的英雄！我特别佩服这样的人，敬佩他能在70多岁的年纪精力旺盛，胸腔中燃烧着火焰，还像一个年轻的激进分子。他是我认识的那么几个保持魔力般鲜活生活的古稀老人之一。他的书是对人人都知道的知识界的控诉。学术界成了文化上被孤立的吹牛者的避难所，他们中的一些人善于教学和研究，但能力通常仅限于象牙塔之内。虽然不是人人如此，但太多这样的人了。

广义地说，人文学科有着各种不健康的问题。最近几十年来，更是出现了所谓的"人文危机"。本杰明·温特豪德（Benjamin Winterhalter）在 2014 年写给《大西洋月刊》的一篇文章《有着死亡气息的病态而迷人的人文学科》里绝佳地分析了这个问题。在文章中，温特豪德分析了人文学科没落的趋势。读到他的文章，我首先回忆起来的是 20 世纪 80 年代关于社会危机的著作《文化教养》（Cultural Literacy）中提到的衰落。在新的信息时代中，人文学科开始被科学与技术所取代的时候，E. D. 赫希（E. D. Hirsch）的这本书最早诉说了"这个世界将何去何从"的哀怨。全美国学生的文学课都被计算机课取代了——一种语言替换了另一种。

温特豪德在《纽约时报》的专栏文章中痛苦地预见

到了这一趋势。《新闻速递》（*The News Republic*）网站建起了"人文学科临终"的标签。2009 年，马克·索路卡（Mark Slouka）在《哈泼斯》（*Harper's*）杂志上大声疾呼，文章标题为"去人性化：当数学和科学统治学校"。（我为了自己的第一本书，在 2009 年给索路卡写信，他误以为我是科学阵营中的一分子，直截了当地要我滚开。）

事实上，很多人感觉政治化的人文项目已经失控。在《学术界的无能》中，格拉夫谈到如何区分传统主义者和进步主义者的话题，已经大大超出了哲学上分辨的范畴。

20 世纪 90 年代末，发生了一起史上最大的学术恶作剧，纽约大学物理学家艾伦·索卡（Alan Sokal）向一本研究后现代文化的学术期刊《社会文本》（*Social Text*）提交了一篇虚假的论文。这篇论文只是为了展示人文学科已经充满了政治化。论文标题是"越界：通向量子引力的转型诠释"，文章含糊其辞，不知所云，只是为了迎合编辑的政治口味。（在我脑海里，我能听见那位笨蛋编辑正在说："嘿，嘿，他说到了诠释学。"）

1996 年《社会文本》发表了这篇论文后，索卡在另一本期刊《社会语言学》（*Lingua Franca*）中揭露了真相。他坦白《社会文本》上的那篇论文只是恶作剧。他提到，文章只是"左翼风格的语言模仿，瞎编的参考文献，浮夸的引用，以及彻彻底底的毫无意义"。你一定想象得到，人文学科的那些家伙不怎么喜欢索卡的恶作剧。这件事揭开了长期存在的所谓"两种文化"的疮疤。物理学家 C.P. 斯娄（C. P. Snow）在 1959 年以"两种文化"为题撰写文章呼吁重视已经越来越严重的人文学科和科学之间的分歧。

索卡的恶作剧结果促成了 1997 年的一次学术大会，主题是"文化战争"，2001 年出版的书籍《一种文化？》（*The One Culture?*）总结了那次会议的讨论。但是由于与会者参与人数众多，辩论很大程度上流于形式，而没有多少适用于现实世界的内容产生。

这真的很悲哀。甚至连伟大的科学家似乎也不能有效地弥补两种文化之间的裂痕。我在哈佛大学研究生院的第一年给迄今为止最伟大的生物学家之一——E.O. 威尔逊（W. O. Wilson）做助教。威尔逊被称为"昆虫学之父"和"生物多样性之父"，写出的科普作品已经获得过两次普利策奖（他写的多部科普作品都有着很高的文化水准）。他是杰出的老师，在 20 世纪 70 年代末，他沿着斯蒂夫·古尔德（Steve Gould）的路子将哈佛变成学习生态学和演化论的圣地。

1998 年，他用自己的书《一致性》(Consilience) 切入了人文学科和科学的分歧的话题。"一致性"(Consilience) 的意思是证据的指向是一致的，他呼吁两种文化的聚合。这真是一部巨著，刚一出版我就读到了。但是，我读它的唯一原因是钱。当时，我为《国家地理》杂志在好莱坞所设的办公室工作，阅读了大量有潜力拍成电影的素材。他们给我发工资，我艰难地读着大量的东西，否则，我绝不会读超过 20 页。

要我说，书的内容伟大而广博，试图将人文学科和科学拉到一起。但是，它是用精英的语言写成，写给精英们阅读的。在最后，留下的只是大部分学术界人士做的事——讨论问题而已。这对学术很有价值，但对社会实践作用有限。

这些现状让我们看到人文学科的缺点。要让人文学科帮助科学解决重要的、在我看来还很迫切的叙事缺乏问题，恐怕有点儿力不从心。科学家需要帮助，但能够伸出援手的只有那些脱离理论研究而工作在真实世界的人。因此，这才引出了我真正要向你推荐的东西。

4

因此好莱坞拯救科学

这是个很惊悚的论断吗？带给你僵尸、吸血鬼和变形金刚的地方，也有着科学世界所需要的。在离开学术界20年的光阴中我认识到这一点。杰瑞·格拉夫在他的书《学术界的无能》中说："学术争论尤其堕落，因为这里面没有多少真正重要的事。"这番话切中了我的核心论点。

这就是问题所在。一旦学者有了终身职位，就再也没有什么事对他来说是真正重要的了。但在好莱坞，几乎每一刻都处在成败关头。在好莱坞有这样一种共识绝对是真理，而且每天都被提及："你只能像你的上一部电影那么好。"不要在乎自己有多么受尊敬——在相当长的时间里你可能被打造成一个讨厌的人。

让我们用科学术语看待一现象——比如说，演化意味着自然选择。在自然中，一些环境提供了苛刻的条件，自然选择可能在其中快速展开。而另一些条件不那么严峻，因此自然选择相对弱些。我们要说，学术界就生活在一个相对弱的自然选择环境里。大学本应成为令人振奋的和有趣的地方，但它们越来越让人遭罪，不仅是因为大学脱离了真实世界，还因为大学更愿意培育软弱与虚无。

我还是大学教授的时候就看到了这些。我们系里竟然允许某些终身教授临阵逃课，真是让人难以置信。有一位老先生是个酒鬼——真的是老酒鬼——突然取消了他的动物学课。他会现身，然后说："真是个好日子。大家都到外面去享受好天气吧。"所有教职工都知道他这么干，但谁也不能把他怎么样，因为他有终身教职。

这还不算什么大事。这只是学术界正在发生的状况的一小部分，何况偶然滥用终身教职还可以获取学术界的丰厚利益。但是总体上说，学术界脱离了真实世界，而且不是那种用实际问题给科学提供帮助的孵化器。虽然大学算得上一种培育环境，但毕竟过于象牙塔了，每个人都知道这是什么意思——人们已经司空见惯，见怪不怪。好莱坞则全然不同，我在过去 20 年里亲身体验到好莱坞的环境。

好莱坞残暴、腐朽、堕落、无情。我对这个地方最佳的记忆之一是，一位表演班的朋友和喜剧演员罗德尼·丹泽菲尔德（Rodney Dangerfield）合作一部电影，这是她表演生涯的开端。她不到 30 岁，风趣，有魅力，我见过她好多次。罗德尼与她立即签订了合同。拍摄间歇，罗德尼穿着浴衣和拖鞋从远处走过来（他只要不拍戏，什么时候都穿拖鞋），叼着雪茄、喝着鸡尾酒，对她说："现在就离开吧，孩子，这是一项已经腐朽了的事业。"他没有开玩笑，他是认真的。她在好多年以后和我提起这段经历，那时候我们都已经在好莱坞遭遇过无尽的糟心事。

什么？你想要更具体的例子？你是想引用我告诉过你的规则——"有力量的故事需要细节"？好吧，满足你。就是这位女演员，几年后终于在一个发布会上等到了做主演的机会。她参加了最终的试镜，感觉已经十拿九稳，所有人都告诉她状态非常棒。但后来，他们把位置给了另一位候选者——丽贝卡·盖哈尔特（Rebecca Gayheart）。我这位朋友很震惊，她的经纪人也同样不理解。经纪人打电话给制片人，得到的回答是："他们选择丽贝卡·盖哈尔特，因为她更出名。"猜猜看她为什么出的名？在试镜的前一年，2001年，她开车在人行横道上撞死了一个9岁的孩子，当时的新闻报道铺天盖地。她因为可怕的事而出名，但制片人不介意。这就是演艺圈。

他们说，在好莱坞，你的竞争对手不希望你失败，他们希望你死。千真万确。我记得一位演员朋友邀请我参加过一位选角导演的葬礼。他说他只见过她一次，但葬礼是好莱坞的社交盛会。这是一个无情无义的地方。

我无法相信在好莱坞见到过多少该死的罪恶——嫉妒、猜忌、贪婪、欲壑难填、暴饮暴食，一团糟。已经有无数本书写过这些。我最喜欢的一本有着惊人的力量，但同时能引发忧思，那就是《你再也不会在这座城市吃午饭》（You'll Never Eat Lunch in This Town Again），作者朱莉娅·菲利普斯（Julia Phillips）是奥斯卡获奖影片《第三类接触》（Close Encounters of the Third Kind）的制片人。

当然你一定已经知道这些，或者至少有所了解。我还是大学教授的时候，《高等教育年鉴》（Chronicle of Higher Education）有一篇文章写到过关于我拍的海洋物种的电影短片。当时我正准备转行，于是联系了文章作者。她为此写了一篇报道，题目是"教授离开学术界寻找更有滋养的环境——好莱坞"，虽然她知道那个地方是多么的野蛮。

其结果是，好莱坞和学术界不同，这里已经具有"充满选择性的体制"，可以实现快速演变。每个周末，所有电影的票房总额都会被公布出来。这可能就像一份职业杀手的目标名单。如果你拍了一部大片，上映了，没赚回钱来，你死定了。如果查尔斯·达尔文读过《好莱坞报道》（*Hollywood Reporter*），他一定会在每周一的早上翻着跟头咆哮："适者生存！"

多年来，我花了大量时间打电话给电影作品失败的电影学院同学和电影行业的朋友，我体会着他们的痛苦，就像是他们在谈论他们的电影梦已经破灭时那样。几乎每次都是这样，灾难的核心，是用不够强的叙事方式讲述一个好故事。选择机制的压力冷酷无情，几乎不存在什么可以彼此怀念的记忆。你搞砸了，就进了"电影的监狱"，再也别想多拍一部电影，永远，永远别想了。

没有安全感可言，资历不是优势，反而是负担。就像塞伦盖蒂大草原上一群长着蹄子的哺乳动物正在被狮子、猎豹和举着长枪的人类包围。在学术界，年纪至少比勋章更能为你赚取权威和尊重。而在好莱坞，要不惜一切代价隐藏自己的年龄。老年，不光让你像一只虚弱的动物，更像是在战争期间加入了错误的一方。就好像有盖世太保围过来检查你的证件想了解你的年龄，如果发现你超过了 40 岁，就把你扔出好莱坞。（顺便说一句，请别忘了，我上电影学院的时候 38 岁。）这样的驱动力，迫使人们整容、植发、注射肉毒杆菌、做抗衰老手术。你要想以此为生，也一样会这么做。

相比之下，学术界是相当奢侈的地方。如果你起步不错，并留在其中，你得到一个终身教职，就可以不用再操心生活。如果你胆敢尝试着给一群贪婪而憔悴的好莱坞剧作家解释终身教职的概念，他们可能会用长矛和弓箭袭击你。

好莱坞像这样已经持续一个世纪了，可还是有聪明人在这个系统里谋得了很不错的生活。他们知道，作为电影制作者，生存需要讲好故事，要讲好故事就必须深刻地从直觉层面理解叙事。如果说你必须去学习、分析和改进科学中的叙事，好莱坞的这些人已经这样做了。

第三章

反 题

ANTITHESIS

我们遇到的挑战是每个案例都有所不同。案例研究不像是用 WSP 元素简单地实现目标。在某些案例中，只有一到两项元素有用。但事实是，你越是应用它们进行工作，这些工具就越可能从你的大脑记忆转变为肌肉记忆，你将具有叙事直觉。

Skype 可以很好用。你能感觉到和你对话的人也在房间里。 Skype 可以让你察觉沟通过程中的微妙气氛。因此，在告诉梅根我回到海平面上升问题研讨会之后，那位对我说"我们不特殊"的科学家开始和我面对面地交流。

我和这位科学家认识已经 10 年以上了——搞出紧张的状况真是太傻了。不出一分钟，我们便把电子邮件的事抛到脑后，开始用我为"讲故事连线工作坊"开发的叙事工具工作。

我问他，有没有可能只用一个词来概括海平面上升问题的核心——这个词要抓住问题的本质。他考虑了一会儿，最终放弃了，他说："对不起，我没办法只给你一个词概括整个问题，但是，3 个词行吗？"

我说，"那很接近了，我们试试看"。这几个词很棒，我们把这 3 个词放进这次讨论会的标题，改掉了原先那个死气沉沉的标题"如何应对海平面上升"，新标题是"海平面上升：新的，确定的，无处不在的"，这样就具体多了，也更有力量了。

然后，我们用 ABT 模板处理了每句话。实际上，我们需要处理大量的素材。又过了一段时间——四个月之后——我们在大厅的一头享受着听众热烈而持久的掌声。我们的讨论会无与伦比的成功（在这一部分的后面我会详细描述），听众是梅根承诺过的 1000 个急切的头脑。一个月之后，《科学》杂志发表了我关于如何利用 ABT 模板改善叙事的文章。所以至少我们可以说，这些工具管用了。

是时候谈论科学的世界里"可以怎么样"了。我再次强调，我不是说这些工具是魔法子弹或者灵丹妙药（冷静！想要否认的朋友），但这些工具可以解决叙事缺乏的问题。

要实现这样的目标，叙事工具需要成为科学的基础组成部分。不是给博士后、研究生或者高水平本科生等我可以随叫随到的一群人额外补课，叙事的教学要贯穿科学的始终，从本科阶段就开始。

本书的这一章是我们的旅程的核心，它是旅程的中间部分，也就是发生故事的地方。如果我们用亚里士多德的故事结构来描述，在这一章我们要穿越三个基本场景。它们是 WSP 模型的 3 个元素——即单词（W）、句子（S）、段落（P）。在这一章，我们要用到 IMRAD 结构中的 M 和 R 部分。

　　注意，我在这一章不再使用 ABT 结构。ABT 结构对简介（I）和讨论（D）部分（正题与合题）很有效，那些部分比较主观而且充满议论。但在中间部分，我们将展开具体细节，关于这趟旅程的材料更加客观——需要直接阐明究竟发生了什么。希望我已经成功地把你拉入了本书上一章的 ABT 结构中，也希望你会对后面即将讨论的"事件"感兴趣。然后在第四章，也就是综合部分，我会回来阐述我的观点，重新用 ABT 方式讲我的故事。

5

方法：叙事工具
WSP 模型

在这个充满风格的时代该讨论本质了

《别做那样的科学家》的副标题是"在充满风格的时代谈论本质"。在那本书里，我把更多的注意力放在关注问题层面，而不是为问题寻找解决方案，我觉得那样挺好。注意，副标题不是"如何谈论本质"。我写那本书的目的，只是想在一个过分看重风格的世界里挑战一下对本质的讲述。我当时还没有足够具体的叙事工具能提供什么建议。

在接下来的四年时间里，多莉·巴顿，布莱恩·帕勒莫和我一起创建了讲故事连线工作坊，我们将工作坊里的精华内容浓缩为一本书，《连线》。工作坊致力于有力的叙事，并希望借此找到一组叙事工具。回顾过去，我明白了其实我的旅程就是工作坊搭建起来的，我在其中探寻答案，找到沟通的本质。

这本书与风格无关。诸如运用幽默、情感、朴素的语言、聪明的比喻和顺应潮流的对话这样的东西，全都是风格问题，那些当然也是有效沟通的本质部分。但为了触及更深层次的沟通，为了集中大量听众的注意力并能够维持较长时间的影响，我们必须谈论本质。基本上，我们首先要塑造信息，然后再添加风格化的元素。叙事是你必须讲出来的本质问题。

该起飞了

梅根提出的过程"看见它，塑造它，说出它"值得我们回味。现在已经到了对信息加以塑造这一步，这是叙事所必需的要求。如我曾经说过的，科学家最讨厌塑造活动。但我会一直用 IMRAD 来回应他们反对的声音。IMRAD 模板强迫科学家塑造信息。如果叙事塑造信息对一个世纪前的科学家是大好事，它对今天的科学家也一样好。

我用 WSP 模型来进行叙事塑造。我首次提出这个方法是在我的《连线》一书中，我在本书中将更加具体地把这个方法应用于科学世界。我们将把你的故事的核心压缩成一个词、一句话和一个段落，也就是说，我们要发展和增强故事的结构。

每一步都有特定的工具。这些工具称为模板——一句话里带着等待填充的空格。举例来说，你可以用这句话作为模板开启你和朋友的对话：

嘿，_____，我要和你说说 _____。

你只需要填空就好了。

讲故事的关键，就是找到你试图传达的故事的核心。一旦你把一个故事压缩到了最小的篇幅，你便找到了故事的核心所在。之后，你可以慢慢扩展、丰富这个核心。

我肯定你已经听过好多关于篇幅长短的笑话。有人说："我实在没时间再把它写短一点了。"还有人说，"如果你让我讲一个小时，我已经准备好了。如果你只让我讲 10 分钟，我还需要一个星期来准备"。简短，是智慧的精髓，要实现简短反倒更加耗费时间和精力。但简化的过程可以得到 WSP 模型的辅助。模型的每一部分都会产生即刻的（直接的）和长期的（最终的）作用。在开始之前，我们要看一看基本原理。

直接价值与最终价值

如图 11 所示，WSP 模型的 3 个工具有着不同的起效时间。单词模板和句子模板有最强的即时效果。如果你学会了它们，就可以让它们在几分钟内起作用，对需要讲述的故事有更清晰的把握。你可以迅速掌握它们。

段落模板有所不同。它是更复杂的工具，作用时间比较长。好莱坞的大部分人希望自己已经掌握了段落模板工具，但他们甚至连入门都算不上。段落模板的学习曲线要比前两个长得多。你可能觉得学会了填空就是掌握了它，但是事实上，你可能需要非常漫长的时间才能得到有意义的结果。最终，段落模板帮助你发展自己的

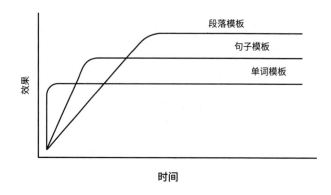

图 11 WSP 模板的三种工具的作用时间。段落模板一开始效果不佳，但随着时间推移，它会让你成为那种令约瑟夫·坎贝尔羡慕的讲故事者。

叙事技巧，它比前两个工具走得更远。

另外，句子模板（ABT）也分短期效果和长期效果两种不同的作用。在短期效果中，ABT 可以帮你在堆积如山的素材中即刻发现叙事的结构。但在长期效果中，ABT 能给你最终的成果——叙事直觉。如果你能充分使用它，让它成为你的第二天性，它可以帮助你发展出一套属于你自己的叙事直觉，你可以察觉到材料中糟糕的结构，可以明白怎样完善这些材料。这是每个人最终都需要的直觉。

这段日子以来，我在我的工作坊里主要关注的是 ABT 模板的使用。这是叙事的黄金律。单词模板太短，而且范围受限。段落模板太复杂，不容易迅速理解，要花费很长时间才能掌握。但句子模板恰到好处——学得快，立即体现价值。出于这样的原因，我们会在句子模板上花更多时间。

我一开始就提到过我们的目标是基于叙事理论获得直觉的，我称之为叙事直觉。最近几年已经有了很多关于这一直觉的力量的作品问世。我最喜欢的一本书是马尔科姆·格拉德威尔（Malcolm Gladwell）的《眨眼：下意识的力量》（Blink: The Power of Thinking without Thinking）。在书的一开始，他观察到一位优秀的艺术品鉴定专家如何凭直觉找到伪造的痕迹，可如果要从理论上解释专家得到结论的依据，却需要花更多时间。

在至少一本词典中，直觉有着如下的定义："一种指引人以特定的方式行动的感觉，却完全不知道原因。"这就是沟通的艺术层面。我们中大部分人没有与生俱来的直觉——我们通过经验做到这一切。在他的另一本书《例外：成功的故事》（Outliers: The Story of Success）中，格拉德威尔给了我们一个略带武断的估计，要通过后天的实践从记忆中获得直觉，而实现一项复杂的技术，需要一万小时。

2013 年，格拉德威尔在随后写给《纽约客》的文章里再次表达了这样的核心观念。文章标题是"复杂性和一万小时定律",谈到对一万小时定律的研究时,他说:"一万小时定律提醒我们,心理学家仔细研究杰出人士的职业生涯,会发现与生俱来的才能的重要性较小,而后天准备的重要性较大。"

我赞同这个说法,如果你觉得自己对叙事结构缺乏把握,也应该把这段话记在心上。该开工了!你也许来不及完成一万小时,但在这本书最后一章我要提出的故事圈概念会让你乐意花上十个小时。

解决科学上的叙事缺乏问题的药方就藏在格拉德威尔所说的"后天准备"里——反复练习相当重要,仅此而已。就像田径运动员,花大量时间用正确的方法重复学习最基础的事,除此之外没有捷径可走。

我可以很快传授好几项方法,但直觉的获得需要时间和经验。艾伦·艾尔达(Alan Alda)是深受观众喜爱的喜剧演员,他的第二职业是帮助科学家进行有效沟通。艾尔达在他的书《偷听自己》(*Things I Overheard While Talking to Myself*)中说:"好的沟通是可以学来的。但如果希望沟通可以长时间起作用——可以真正触动某人——则需要系统化的长期学习。"虽然所有的科学家都对叙事有些感觉,但他们需要更深层次的叙事直觉。

用于大众的工具

现在我们要回到之前说过的那条信息："哥们儿，这是完全一样的故事。"我是在为科学界写作这本书，因为科学是我最愿意效忠的对象。当然，这些工具也适用于所有人。

4000 年以来人类的变化并不像你想象的那么大。距离约瑟夫·坎贝尔指出这一点才过了 70 年。环顾这个世界，我们还在讲述着一样的英雄之旅的故事，4000 年来什么都没有变。过去 70 年以来讲故事的方法也没有什么巨大的变化（我将在后面的内容中提到为什么"超级碗"的商业模式依然成功）。

我合作过各式各样的客户。过去一年，我的工作坊服务过底特律的会计师、国家安全委员会的安保专家、市场营销协会的商业专家，以及大量科学和生物医学团体，其中还包括国家卫生学会、疾病预防控制中心、美国地球物理联合会、美国科学促进会和医学会。一开始，我很害怕涉足这么多不同的领域。我完全不懂会计、商业或法律。我能教给他们什么有用的东西呢？

但当我和这些不同的群体接触之后，我发现约瑟夫·坎贝尔的观点是真理，我其实只需要讲相同的故事就可以了。每个群体要讲述的内容不同，但我要把握的是故事的结构和讲述的姿态，这些东西在哪都是一样的。我更像是建筑工人，我不在乎要建造的是银行还是医院或者是法院，我只需要实现它的结构。

模板只是初学者的蹒跚学步吗？

用模板指导科学传播，是不是太过简单了？模板当然都很简单，但科学这样的专业领域长久以来都用过于复杂的东西迷惑公众，所以"太简单"（同时信息要得到精确的保留）真不算什么大毛病。

尽管如此，由于模板看起来非常初级，很多人一提到它就感觉那是"给孩子玩的"。我在一次会议的公开报告后了解到人们这样的心理。报告之后，我在接待处被一位朋友拉到一边，他说："我听到那些科学家认为，你的 ABT 很简洁，但是……他们觉得这东西太简单了，不能应付科学传播的需要。"

面对这样的评论，我不太确定该怎么办。简单性，才是有效传播的精华。如果你不理解简单的重要性，你就不会掌握有效的传播。

　　不幸的是，由于科学世界的社会环境，科学家总是要用复杂的和令人迷惑的方式展示自己的工作，而且没有人对此有什么不满。但这是不应该出现的状况，而且也不是唯一可以采用的方式。

　　这就是我们的模板可以派上用场的地方。你在小学和米德里比斯（Mad Libs）填字游戏中就学过造句的模板。但仅仅是因为孩子们在用模板学习，就意味着模板不适用于成年人吗？

　　杰瑞·格拉夫和凯西·伯肯斯坦在《他们说，我说》一书的"好吧，但是模板？"一章中专门谈到了这个话题。这本书讨论了议论问题，他们旨在找到议论中的关键元素——那些必要的"动作"，他们的模板提供了一些。他们一针见血地指出，"经验丰富的作者可以通过阅读而无意识地挑选要执行的动作，学生却做不到。"这就是为什么模板可以帮忙。

　　他们正在面对的批评，和我遇到的一模一样——有经验的老手看不上 ABT，把模板视作哄小孩子的玩具。但对真正的行家来说，模板并不简单。首先，大部分人没有老练的叙事能力；其次，我向你保证，叙事高手也可以从这些模板的练习中受益。

卡特曼教授

猜猜谁是利用这些模板的超级明星——特里·帕克，《南方公园》的联合制作人，他是我的 ABT 模板思想的最早来源。在他的系列动画中，我最爱的一集叫《笑话机器人》，一群德国人制造了一台机器人，机器人可以用模板像数学公式一样地讲笑话。《南方公园》的小学生们面对的是机器人的脱口秀："你们不是讨厌（活动）吗？我也一样，我也讨厌（活动）。说真的，比起欺负（一个人名），我更讨厌（活动）。尴尬啊！"模板中的"活动"要填入的是"写作业"，"一个人名"是布莱恩特·冈贝尔（Bryant Gumbel）。

就像笑话机器人说的，这的确很尴尬，但真的有用。讲笑话就和讲故事一样，铺垫，转折，笑点，就像叙事中的正题、反题、合题。故事结构完全是一回事。

如果你觉得对于你的传播需求来说，模板太简单了，你可能面临着我所说的问题。但如果你和《南方公园》里的角色们一样，担心模板的使用让讲故事"太公式化了"，那是你还没有看到传播问题的本质，这正是我要探讨的问题。

不要公式化

当素材本身缺乏内容的时候，素材的运用就会越来越公式化。举例来说，如果情景喜剧的角色缺少细节，他们就会显得浅薄和呆滞。当某一集中，前男友现身来借钱的时候，你会立即想起之前所有出现过前男友现身借钱的桥段，从《摩登家庭》（Modern Family）到《老友记》（Friends）再到《范戴克摇滚音乐剧》（The Dick Van Dyke Show），都有过前恋人现身借钱的故事。但如果用足够多的信息来塑造角色，让其深刻而有趣，并充满个性化，你就会沉浸到故事里，而不再回忆之前类似的剧情。

克里斯多夫·佛格勒（Christopher Vogler）的标志性著作《作家之路：写给作家的神话结构》（The Writer's Journey : Mythic Structure for Writers）直接回应了公式化的问题。这本书于 1998 年第一次出版，现在已经是第三版。很多人觉得好莱坞就是生产公式化故事的车间，好莱坞让这个世界变得差劲。而佛格勒的这本书成了好莱坞的避雷针。作者在书的一开头就回应了对公式化的批评：

> 首先，我必须回应对《作家之路》的所有批评——艺术家和批评家质疑这本书是公式化的，导

致乏味的重复。一些职业作家根本不喜欢这种对创意过程的分析，迫使学生们无视所有的教科书和老师，只想"先做起来"。一些艺术家选择避免系统化的思考，拒绝所有的原理、观念、思想流派、理论、模式和设计。对于他们来说，艺术完全是直觉过程，这种过程完全无法靠规则来把握，它不应该被降低到公式化的层次，他们是对的。每位艺术家的内心都是神圣的地方，在那里所有的规则都要靠边站，或是慢慢被遗忘，除了艺术家内心和灵魂的本能选择，什么都不起作用。

但这不就是一条原则吗？那些说要拒绝原则和理论的人无可避免地必须接受一条原则：避免公式化，不信赖秩序和模式，抵制逻辑和传统。

这些以拒绝一切形式为原则的艺术家们，正在依赖着这条他们自己制定的形式。

那么是否需要担心科学传播有着太公式化的问题？IMRAD 模板已经让科学传播公式化了，但你从来没有听到有人为此抱怨。科学传播中最严重的问题是缺乏叙事结构，以及过于复杂，在这当中，模板带来的风险还远远不到该开始考虑的时候。所以，我遵从佛格勒、格拉夫和伯肯斯坦的观点，不担心太公式化的问题。

　　另外，在担心"过于类似"的危害之前，科学传播还有着漫长的路要走。我在用 ABT 模板分析摘要的时候你就会明白。现在还没有迹象表明存在着过于统一化的问题。很长时间之内都不会。

　　好了，我们开始讲第一个模板。

6

方法：词汇
杜布赞斯基模板

　　第一个模板，词汇模板，用于把握素材的中心主题。它不光是把所有事都概括为一个词（或者一个短语）——它的作用比这些更深刻。词汇模板作用于那些难以用一个词表达核心思想的问题。我称我的词汇模板为杜布赞斯基模板，因为它改编自杜布赞斯基的名言。我甚至怀疑，这位遗传学家已经彻底领悟了叙事的核心问题。

　　杜布赞斯基是有史以来最重要的遗传学家之一。20

世纪 20 年代，他从苏联移民到美国。他在 1937 年出版了《遗传学和物种起源》（*Genetics and the Origin of Species*）一书，该书的思想成为现代综合性演化理论（将遗传学与自然选择相结合）的主干。但他不仅仅是一位研究者。杜布赞斯基培养了很多杰出的研究生，他们成为继承遗传学——特别是人类遗传学——衣钵的新一代学者。其中之一是理查德·列万廷（Richard Lewontin），他是哈佛大学最有成就的演化论学者之一。我当时在哈佛大学和列万廷以及斯蒂芬·杰伊·古尔德（Stephen Jay Gould）一道长期致力于挑战遗传决定论。另一位杜布赞斯基的得意弟子弗朗西斯科·阿亚拉（Francisco Ayala）教授，是国家科学奖获得者。

杜布赞斯基的很多学生依然活跃在科学界，我有时候会和他们谈起杜布赞斯基。怀亚特·安德森（Wyatt Anderson）是他 1962 年在洛克菲勒大学的第一个学生。他和杜布赞斯基花了很多年在美国西部旅行，他们收集果蝇，共同对其进行研究。"他太有魅力了，非常有思想，对生命哲学有兴趣，"怀亚特这样告诉我，"他有着温和的性格，他喜欢音乐、艺术，还精通马术。"

我希望了解一个人身上的这些特征，因为我有个假设——杜布赞斯基有着格外优秀的人格。对于我来说，这简直是一定的。我读到他那句既简单又复杂的著名论断的时候，内心被击中了。杜布赞斯基第一次说起这句话是在 1964 年写给《美国动物学家》（*American Zoologist*）的一篇文章里。我还是学生的时候，很多次在不同的教科书的绪论部分读到这句话。他说：

如果不从进化论的角度思考问题，生物学的一切毫无道理。[1] 第一眼看到这句话，它很简单——仅仅是对了解生物进化的重要性的观察。但紧接着，我认为他在表达更重要的问题。这条声明，还传达出对叙事和叙事方法的更深刻和更实用的理解。

有趣的是，这条声明并非来自科学中那些晦涩的微观领域，而是来自生物进化论——生物学中最伟大和最具核心地位的领域。在鸟和蜜蜂出现之前，进化就存在了，这个星球上出现最初的生命火花的时候，进化就存在了。

杜布赞斯基所说的，正是进化本身的"生命的故事"，这个故事和变化（关于旅程）有关。进化是变化的机制，它产生变化的模式。这就是生命的叙事。你在地球上看到的所有的生命，真正的意义就在于其中蕴含的变化的故事，这

---

1 这句话有多种翻译法，比较流行的译法是"若无演化之光，生物学毫无道理"。本书根据模板应用的不同语境，有所调整。

样的叙事，就是进化。

　　首先要注意的是我过去的进化生物学领域的同事很快指出的一点（哈，科学家的批判性思维）。我这位朋友不喜欢杜布赞斯基的论断，因为它不正确。他指出，即便你完全无视进化论，生物学中也还是有大量的事实能说得通。有些分子生物学家整天在制造 DNA 序列，即便生物学家不去理会进化论，这些 DNA 序列也有道理可讲。因此，他反对杜布赞斯基那句名言中的"毫无"两个字。

　　从某些方面来说，他是对的。实际上，我引述的这句话只是展示了杜布赞斯基人性化的一面。人性驱动着我们讲述伟大的故事。杜布赞斯基说的不是"生物学几乎没多少道理，除非考虑从进化论的角度思考问题"，他用了两个更极端的字——"毫无"，让这句话有了更大的影响。和每个人一样，他想讲述伟大的故事，哪怕这个故事不总是百分之百的正确。他可能觉得足够接近就好了。

　　他也想语不惊人死不休，"毫无"两个字虽然稍显过分了，但是比"几乎没多少"更引人注目，也更简练。这就和电影《阿波罗 13 号》中宇航员说的话被改为"休斯顿，我们有麻烦了"是类似的道理。

但即便如此，我用杜布赞斯基这句话来启发叙事，确实是有一点儿以偏概全的嫌疑。所以你需要站远一点重新找到最重要的模式，而不是被细枝末节干扰。

杜布赞斯基模板：启发叙事

杜布赞斯基所说的这个简单的单句成为一个模板，你可以用它来启发任何给定主题的叙事。杜布赞斯基从来没有把这句话当作一种叙事工具，但我要这样利用它。模板如同下面的形式：

如果不从 _____ 的角度思考问题，_____ 的一切都毫无道理。

我们把这条模板应用到其他主题上，看看它是否管用。我向一位地质学家提到这条模板，他立即用"板块构造"造了句。他是这样考虑的：你会见到地震、火山爆发、俯冲带，你甚至会在山顶找到海洋中贝壳的化石，这一切太迷人了，但从来都没有真正得到理解，除非从板块构造的角度思考问题。这就是地质学的叙事——一条原因解释一切。"如果不从板块构造的角度思考问题，地质学的一切都毫无道理。"

这算是某种叙事的定义——叙事合并了一组看似分裂的信息片段。突然间，用板块构造的知识武装起来，火山，甚至山顶的贝壳都可以理解了。

另一个例子来自我的朋友。他年轻的时候被各种痛苦的综合征困扰，头痛、肠胃问题，无休无止。医生们一直不能搞清楚状况，始终没有做出过统一的诊断，他们只能针对单一的症状进行治疗。在他 33 岁的时候，终于被诊断患有一种遗传疾病——"埃勒斯—当洛二氏综合征"，这种病是由基因缺陷造成的，会导致胶原蛋白产生不足，使结缔组织特别脆弱，从而产生他身上的一整套症状。几乎一瞬间——获得诊断的当时——他就用杜布赞斯基模板造了句，"如果不从遗传疾病的角度看待问题，我身体的一切毫无道理"。

英国国王乔治三世身上也发生过同样的事，他被一系列身体疾病折磨，最终不堪忍受，彻底疯癫。历史学家认为他患有血液疾病卟啉症——这个原因便解释了他生命中的一切过往的叙事［比如电影《疯王乔治》（*The Madness of King George*）讲述的那些故事］。如果不从这种疾病的角度看待问题，他生活中发生的一切毫无道理。

现在，试着把它用于你的生活，或你的研究计划，或你差劲的网球比赛。（"如果不从受伤的脚踝的因素看待问题，我的网球比赛的失败将毫无道理。"）能够解释和概括一切的因素是什么？那就是叙事的核心。

如果不从发明的角度考虑问题，苹果电脑毫无意义。这句话适用于苹果公司的叙事挺不错，叙事和品牌一样，是的，这完全是一回事。

一位环境保护律师朋友把模板用于她的气候变化工作：如果不从损失的角度考虑问题，加利福尼亚气候的变化毫无意义。杜布赞斯基模板让人用一个词产生主题：损失。她意识到自己对加州气候变化所做的每一场演讲的核心故事都是"损失"。她的每次演讲都关于干旱和野火，这些状况起因于气候变化。但更宽泛和统一的事实是，她的每次演讲都和损失有关——由于气候变化，加州正在损失什么，并且将继续损失下去。

你会明白如何靠着这条模板成功表述自己的意思。在我朋友的例子中，她继续在演讲中运用她的关键词，她说："通过这一切的例子，我们在这里要谈论的是损失——由于气候变化，我们在不远的将来会损失什么。"

试试用你最喜欢的高质量电影填好这条模板。如果这是一部深刻和复杂的电影大片，你应该能填得出来。举例来说，我一直以来最喜欢的电影之一《普通人》（Ordinary People）赢得了包括最佳影片奖在内的四项奥斯卡奖。电影中的故事十分有力，恰好适合填写杜布赞斯基模板，"如果不从他们儿子死亡的角度思考问题，那个家庭的一切毫无道理"。看到我所要表达的意思了吗？用一个元素解释家庭的所有错误。对儿子死亡的完全失败的处理，成为那个家庭无尽的问题的来源。

相反，有许多杂乱无章、浅薄的电影，病根就在于缺乏这种深刻的、统一的元素。人们谈起一部电影的时候会说，"我都不明白这个故事在说些什么"，这意味着他们无法用这部电影填写杜布赞斯基模板。

如果你能填好杜布赞斯基模板（顺便说一句，不是总能填得出来），你就牢牢把握了整件事的关键。这成为你的信息中心，让你可以更有效地表达出信息的本质。发出信息和把握信息就是一切——从多个角度切中主题。

很多演员就是用这项技术来"分解"剧本的。他们阅读剧本里的一幕戏，然后问自己，这幕戏的核心能否用一个词来概括？这个词是不是信任、爱、欺骗、背叛、忠诚、忍耐？

我是在推广我的电影《一群渡渡鸟》的时候了解到这一方法的潜在概念的。我在国家公共广播电台的一次访谈节目中就这部电影接受了一场马马虎虎、泛泛而谈的采访之后，我和非常睿智的销售代表杰夫·杜德（Jeff Dowd）聊天。他就是电影《谋杀绿脚趾》（*The Big Lebowski*）的原型人物。他有着丰富的大众传播经验，曾经在 2004 年为约翰·克里的总统竞选之类的国家政治活动服务。

他考了我一个简单的练习题。他问："你的整部电影的核心概括成一个词是什么？"我回答："进化。"他说不对。我说，"那好，我放弃，你觉得是什么词？"他说："这个词应该是真相——谁在控制真相，我们怎样确保真相胜出。"他是对的。别的词都相对浅薄，而且缺乏活力。真相，这个词比较人性化，非常有力量。实际上，这就是我的电影的"叙事"。

他接着说，"那么现在你知道在讲什么故事了，你可以用它来传达你的信息。以后，只要你接受采访，都可以这样说：这部电影所要表达的核心是——真相，谁在控制真相，以及我们怎样确保真相胜出……"

这个办法管用。从那时起，我再也没有做过泛泛而谈、曲解真实意思、缺乏方向的采访。我拥有了信息中心，这就是人们通常说的"把握信息"——这就是关于叙事必须要了解的问题。当然，还有更多重要的技巧。

重要原料：杜布赞斯基的第二部分

现在，你已经有了基本模板，但我们要再深入一些。杜布赞斯基要说的还有很多。在 1973 年的论文中，他把他的思想分为两部分。第一部分同样可以概括成一句话：

从演化的角度看，生物学也许是最可信的和最鼓舞人心的智力科学。

但之后他加了第二部分：

没有那种角度，生物学就只是一堆杂乱的事实——它们当中有些有趣而奇特，但没有以整体的面貌形成有意义的图景。

这部分蕴含着传播的真正精髓。让我们仔细看一看杜布赞斯基所说的这两部分内容。在第一部分，他将演化看作生物学的"叙事"。第二部分，他在描述如果我们没有这种叙事将会发生什么。

请注意，杜布赞斯基没有说如果我们没有"那种角度"（有意义的叙事）就会失去一切。没有那样的角度，你依然会有一组信息（一堆杂乱的事实）。进一步说，有些信息可能还"有趣而奇特"。唯一的问题是，最终，没有了叙事，你没法得到具有整体面貌的"有意义的图景"。

这差不多就是全部的叙事原理，一切都浓缩在杜布赞斯基短短的话语中。他的观点的第二部分描述了你在电视上看得见的大多数惊人的科学项目。大部分科学项目都充满了成吨的令人兴奋的信息碎片，很多毫无疑问会有趣和奇特。但最终，因为缺乏更深入的叙事表达，这些项目不存在整体的有意义的图景。即便是那些最大的项目，那些电视上最激动人心的科学项目，都缺乏这种深入的叙事。

此外，这还是很危险的陷阱，很多科学家讲述研究报告的时候都掉入其中。他们展示一整套信息碎片，这些信息绝对有趣，有些肯定称得上引人入胜，但最后他们只是给出了一大堆杂乱的事实。报告没能清晰地将事实组织成更大的图景，而且这些事实对"发展叙事"不起作用。

在缺乏信息的世界这样做没问题，到20世纪70年代都不会出毛病。我在20世纪70年代上大学，那时候没人会说起太多的信息。大学就是缺乏信息的沙漠中的绿洲，它们是你寻觅宝藏时的灯塔。但到了 80 年代一切都变了，信息的巨浪突然席卷而来。

如今是一个信息泛滥的时代。大部分人在被告知一些什么的时候，他们的思想中始终有一个微弱的声音说，"我为什么要知道这个？"杜布赞斯基模板作为工具，可以帮助你回答那样的问题，比如：

> 我要告诉你演化是怎样起作用的，你需要了解这件事，因为如果不从演化论的角度思考问题，生物学的一切毫无道理。

我要给你讲一讲这种疾病，因为如果不从疾病的角度思考问题，你的生活的一切毫无道理。

这些句子是通往真正有力的沟通的路径。启发叙事，你就已经找到了一切的关键。

你的叙事主题

我们在这里讨论的，是文学和创意写作的世界里的广义的主题（是的，这是一样的故事）。还记得我强调过的特克尔的《好的战争》一书中的观点吗？大部分经历过"二战"的人都意识到，那段岁月是他们生命中最有意义的时光。你可以用这群人完成杜布赞斯基模板："如果不考虑他们在'二战'中的经历，他们生命中的一切毫无意义。"这就是他们这些人的生命的主题。

大多数优秀的写作老师会告诉你，有意义的写作从找到明确的主题开始。他们会问："你打算在这里说什么？"我一遍又一遍地问我的工作坊的参与者这个问题。他们读出所写故事的简单概要，我随之提出这个问题。我解释道，如果我和工作坊其他指导者知道了你打算说什么，我们就能帮你说得更好。但如果你自己不知道，我们就很难帮得上忙。通常参与者都有一个很棒的故事，有意思，而且好玩，但是，他们真的不知道这个故事在说什么，也不知道在实际的场景中能有什么用。这样讲故事也可以，只是没能表达出本该具有的意义。

你的故事可能无法用杜布赞斯基模板得出一个简单的答案，但你只有真的考虑这些才有可能知道答案。另外，请始终在头脑中保持更多的"人性化"和更多的"戏剧化"，你的表达会因此更有力量，信息传达将成为可能。在我的关于演化论的电影中，"演化论""创造论"

和"争议"这些词都是信息量极大的词。但"真相"是核心的人性化的价值。这样的处理，也正是《超人》的核心素材采用的方式（"真理、正义和美国方式！"）。

你身上发生过的事并不意味着就是有意思的事

让我们回到基本问题"我为什么需要知道这个？"某种程度上这不是一个好问题，但回答它是为了实现更好的传播。"连线工作坊"的联合指导多莉读到糟糕的电影剧本时喜欢说，"你身上发生过的事并不意味着它就是有意思的事"。这么说很不中听，但这句话真的值得你好好记住。

你可能从五辆车追尾事故中幸免于难，而其他四辆车的司机是滚石乐队成员。这是好玩的故事，我们可能很愿意听上几句。但不一会儿，如果你继续讲述细节，大家势必会问"我为什么需要知道这个？"有人会对你说，"哦，真难以相信，你的遭遇太酷了，但除了好玩之外，这和我有什么关系呢？这件事涉及一个更大的问题吗？它对建立一个有意义的整体图景有什么帮助？"

基本上，到了最后，我们已经不关心你遭遇了什么。如果你要我们花时间听你讲，我们需要有更深的意义。什么是更大的叙事呢？

我们为什么要关心你的基金申请

这个问题提出了杜布赞斯基模板和你的科学职业之间真正的关联——写基金申请书。每当我的申请书被拒绝的时候，我都能听到自然科学基金项目官员的讨厌的回复。他们会说："我们为什么应该关心海参幼虫的变形？"

我真想从电话中穿出去，打他们一顿。但我通常总是顽强而愚蠢地对他们讲我的项目，这些演讲只是就知识论知识（"世界需要知道这些！"），却没有回答问题。我一度害怕写基金申请书。离开科学界给我的最大安慰之一就是我再也不用听那些恐怖的问题了，"我们为什么要关心？"

但是就在差不多一年之后，我要把我的电影推销给好莱坞的制片人，猜猜他们怎么说？"我们为什么要关心一群海洋生物学家研究珊瑚礁的故事？"是啊！说真的，我也想打他们一顿。但是，正是在这个时候，我真正意识到，我要听听这个问题，我要开始考虑它意味着什么。

基金机构想要资助重要的工作。"重要研究"的定义是，对于某个学科，它具有"进一步叙事"的潜力。用你的工作填写杜布赞斯基模板，会给你提供一种素材，让你的工作具有情境，可以获得资助。如果你能这样告诉基金机构——"如果不从我目前从事的关于（　　）的角度思考问题，线粒体的遗传学毫无意义"，你就可能引起他们的注意。

大数据和砖瓦厂

在今天，在这个信息的汪洋大海中，了解你的叙事比以往任何时候都更加重要。不过，科学家考虑这个问题已经几十年了。

1963 年，《科学》杂志发表了一篇简单的、充满隐喻的和几乎算得上标志性的文章《砖瓦厂的混乱》，作者是梅约诊所的医学家伯纳德·K. 法舍尔（Bernard K. Forscher）。文章对科学界的状态进行了讽刺。虽然仅仅一页，但相当迷人，我怀疑《科学》杂志今天不会再发表如此有想象力的文章了。

文章用一种经典的形式开头："从前，在人类的活动和职业中，有一种职业被称为科学研究，从事这种职业的人被称为科学家。而在现实中，这些人只是一些建筑工人，他们构建了被称为解释或定律的科学大厦，建筑材料是被称为事实的砖瓦。"

你可以用我们即将深入讨论的 ABT 模板把这个故事拆解成简单的结构。这个故事讲述的是怎样制造砖瓦以及怎样建造大厦，但是随后的建筑工人们却沉迷于砖瓦的制造，无论是否需要。文章继续说道："其结果是大地上的砖瓦堆积成山。因此有必要组织起越来越多的仓库，这些仓库被称为学术期刊……"

你现在已经明白了故事的含义，即它的标题"砖瓦厂的混乱"。砖瓦（象征着科学事实）变得太丰富了，在成堆的砖瓦里，建筑师们找不到他们需要的正确的砖瓦类型，因此产生混乱。文章的最后一句是："并且，最可悲的是，有时候没有人努力保持一堆砖块和一座真正的大厦之间的区别。"

但愿你理解他的意思。当科学成长壮大的时候，研究者丢失了更大的目标（或叙事），最终满足于只是收集事实。这完全就是杜布赞斯基提到过的现象——收集成堆的杂乱的事实，它们当中有些有趣而奇特，但没有建立起有意义的图景。

2012 年，记者大卫·魏因贝格尔（David Weinberger）在写给《大西洋月刊》的文章"知道但是不理解：大卫·魏因贝格尔关于科学与大数据"中传达的观点与几十年前法舍尔的文章类似。他读过并且引用了《砖瓦厂的混乱》一文，随后他说："如果科学看起来就像是 1963 年的砖瓦厂，如果法舍尔博士参观今天的全球生物多样性信息机构，他一定会掩面而泣。"

科学并未在 20 世纪 60 年代消亡。科学在砖瓦厂的混乱中存活得还不错。科学在今天没有面临严重的危机。但是，无用的浪费仍然悲剧般地上演，没有明确目的的信息收集仍然在进行。填写杜布赞斯基模板将有助于减少这种浪费。

现在，我们要步入叙事结构的更深层次进行探讨。

7

方法：句子
ABT 模板

ABT 是故事的灵魂。

——作家帕克·豪威尔（Park Howell）

如果本书有心脏和灵魂，它们就在此处。在这一章里，我将展示一个模板，用它将你的故事归纳为一个单句，它作为故事的灵魂，就和吉尔伽美什一样古老。

在电梯里游说

我们要从家庭领域说起。如果你最近几年参加过任何传播工作坊或是这类的训练，你可能听说过"电梯游说"（Elevator Pitch）这个词。它的含义是，你在电梯里，某个重要人物进来了，询问你是否有什么要求，此刻你只有有限的电梯穿越几层楼的时间，要解释你的整个项目，必须简明扼要，又要引人入胜。

这太像当前知识传播所面临的状况了，如何有效地传播知识是个棘手的问题。证明这一观点，我们有三个依据。在互联网上搜索"电梯游说"这个词，我得到的第一个链接是"完美的电梯游说的 7 个关键"，作者是诺亚·帕森（Noah Parson）。等一下我会评论这篇文章。第二个是我发现 2012 年丹尼尔·平克（Daniel Pink）的畅销书《销售就是人性》（*To Sale Is Human*）中有一章的标题就叫"电梯游说"。在这一章里，平克阐述了六种方法。第三个依据是克里斯·奥利亚雷（Chris O'Leary）的《电梯游说精华：如何在两分钟内直达观点》（*Elevator Pitch Essentials: How to Get Your Point Across in Two Minutes or Less*）。他将电梯游说的过程分解为 9 个元素。

我为什么会说知识传播所面临的状态很严峻？你看

到问题所在了吗？

传播核心信息是叙事的一部分。列出一个列表比单纯地说出最主要的部分要容易。这又回到了前面提到过的悖论："我要写得短一点，但是我没有时间完成。"

三种电梯游说的列表中完全没有核心信息。本质上，它们只是一组分离的元素。简单的、普适的工具才更有力量。本质上说，如果工具不仅给你提供结构，还能引导你走向叙事思维，那就是好工具。最终，最精华的部分是抓住并保持住人们的注意力。只用一种关键元素不容易描述整个过程，但在这一部分，通过简单的工具，我将使你可以做到这一点。

严肃地说，奥利亚雷把他的书的章节划分为 9 个 C，分别是简要（Concise）、清晰（Clear）、引人入胜（Compeling）、可靠（Credible）、概念化（Conceptual）、具体（Concrete）、一致（Consistent）、定制（Customized）和健谈的（Conversational）。但是他没有提第 10 个 C——复杂的（Complicated）。

这的确是故事的核心

如果说我希望你从这本书里只收获一点，那就是

ABT。没有能与 ABT 匹敌的其他叙事模板了。这不是"兰迪·奥尔森的组织故事的方式",这是唯一有效的方式。ABT 模板可以直接追溯到黑格尔和亚里士多德,他们所阐述的叙事结构完全一致。

作为科学家,你可以灵活地使用 ABT 模板,用它作为开头来描述你的研究计划,可以做到简明扼要和引人入胜。如果你用 ABT 模板构思一句话来表达你的研究计划,不仅会让你的读者摆脱厌倦情绪,而且不会让人迷惑,另外还会激活大脑中的叙事部分(还记得哈森的神经影像吗——某种程度上你可以跟希区柯克做一样的事情)。最后一项是真正的传播引擎:ABT 可以激活大脑中的叙事部分。

ABT:普适的叙事模板

ABT 既新也旧。由于它的简单,大部分人都觉得 ABT 是那种小学生掌握的东西。的确,它有效,而且应该从头学起。但另一方面,就我们所看到的来说,过去没有人把它公式化。我在 2011 年秋天经过充分的研究,第一次把它拼合成现在的形式。我没有做出新的发现，太多素材都有着类似的道理，只是没有整合为 ABT 模板。

ABT 模板匹配基本的三段式结构，我在本书一开始就讲到了它们。故事由三部分组成：开始、经过和结尾。典型故事开始于基本的情况说明，需要阐述一组事实，即基本的故事设置。将一组事实串联在一起的最简单、最常见的连接词就是表示并列关系的 And。

你开始使用一个或多个 And 将事实串联起来，这个时候故事就开始了（故事总是开始于事件的发生）。对我们来说，此刻要进入的是故事的中间过程，在这里需要用到 But 这个词来推进。But 是一个表示转折的词，它会改变叙事流程的方向。因此我们罗列一组事实之后，我们突然调转方向，说"但是……"这将抛出一个问题，抛出一种紧张和冲突的来源，一种迫切感。听众的大脑在此处被点亮，这时我们才算得上真的开始讲故事了。例如，我们要讲述一场凶杀案，我们可以说："有一座小镇，And 小镇上有一个幸福的家庭，But 有人发现父亲死在了门廊上……"

转折词 But 引出的东西，我们通常称之为"引发事件"（Inciting Incident），它是故事开始的地方，也是我们从平凡世界到特殊世界的过渡。在这个地方，我们从此进入虚实的范围，大脑中的不同部分开始激活。

一旦我们抛出了问题（父亲死了），势必带来一个疑问（谁是凶手），然后我们开始这趟旅途，去寻找问题的答案，我们用 Therefore 做出结论。现在，我们已经有了一整套故事设置。

或许我们可以用这样的结构讲述整个故事，比如"村子里生活着很多人，And 他们的生活笼罩在附近一条恶龙的恐怖之下，But 后来有一天一位骑士杀死了恶龙，Therefore 村民们过上了幸福的生活"。

ABT 非常灵活，它是普适的。它引导你简明扼要地叙述，同时又能引人入胜。它还能保持故事的动感，这是至关重要的。

发展叙事

我第一次展示 ABT 模板的时候，我对听众做了一个简单的实验。在展示开始的时候，我们工作坊同事多莉·巴顿、布莱恩·帕勒莫和我拿出一张爱德华·霍普（Edward Hopper）的绘画，然后要求志愿者说出从画面上看到了什么。另外一侧，小伙伴给他们计时。志愿者用平均 30 秒的时间凝视画面，然后开始罗列看到的东西，但无法确定什么时候该停下来。在我的 ABT 演讲之后，我展示同一幅画，再次邀请三位志愿者用 ABT 结构描述从画面上看到的东西。

他们立即进入状态，列出几条观察到的东西，用 And 相互连接。然后你能感觉到他们知道该说 But 了。很快，他们说出转折的部分，你能感觉到他们想推进到 Therefore 的环节。整个讲述平均只用了 13 秒。

这就是"发展叙事"，这是听众特别渴望的东西。他们不想要你一遍又一遍重复一样的东西。他们想要你保持事情的推进，利用这些里程碑式的问题，你可以走向问题的解决。这些是 ABT 模板可以带给你的。

我实验中最后的那批志愿者，每个人都可以快速描述图像，简明扼要同时充满自信，他们说，"房间里有三个人，And 窗外的阳光表明现在是午后，But 中间的女人看上去像是在质疑一位坐着的男人，Therefore 整个场景感觉像是一场盘问"。他们讲出了画面里的故事，非常简单，非常直接，也非常迅速。这就是 ABT 力量的体现。

无聊的世界：AAA 结构

如果你忘了用 But，会发生什么呢？真实的世界里每天都有这样的情况。人们讲的"故事"只是一步一步走啊走，没有任何高潮和结局，听众会感到无聊。

我最开始意识到这一点，是在我出版了《别做那样的科学家》之后受邀访问亚特兰大疾病控制中心时。在准备过程中，我和他们的宣传部门有过沟通。有一个人告诉我他们面对科学家时候的沮丧。她说，"我们问科学家：'你希望我们对公众传播什么？'他们回答：'我们想让你讲一讲疾病控制中心的故事。'于是我们说：'太好了，什么故事呢？'他们回答：'我们在这里治疗各种疾病，我们开发各种药物，我们得了很多奖项。'我们说，'这些都很棒，但这些不是故事——那只是一串事实'。而故事开始于有什么事发生的过程。"

这是你讲故事的基本原则，这一点十分重要。除非有事发生，否则你讲不出真正的好故事。我观察过一次公共健康领域会议上的叙事工作坊，工作坊的领导者提问每位参与者："你的项目有什么故事？"每个人的回答都充斥着"我们基于……做出了……又做了……我们这样做了很多年，并且……"这不叫讲故事。如果工作坊领导者及时阻止这一切也还算好，但他没有。原因显而易见，他并不知道什么才算真正的讲故事。

与此相似，而且非常常见的是，科学家站在听众面前，一张接一张地展示图片，重复着同样的事。他们说，"这张图是进食率，然后这里显示的图像是消化率，然后这里这张图是食物尺寸……"他们所做的就只是罗列一堆枯燥的事实（就像杜布赞斯基告诫过的那样）。

我们可以把这种结构称之为 And And And，即 AAA 结构。这样的结构谈不上叙事，没有故事可言，有的只是事实的陈列。我可以向你保证，这样做会让听众感到厌倦，这是我们曾经提到过的两种最糟糕的信息传播方式之一（另一种是使听众困惑不解，我们很快会阐述到）。

对哈森的神经电影学实验而言，人们在华盛顿广场公园漫步的非叙事电影片段可以描述成这样：人们在走路，并且一些人牵着狗，并且一些人独自走着，并且太阳正当空，并且附近有几棵树，并且……这就是 AAA 结构，这就是令人厌倦的结构。正因为如此，功能性核磁共振成像会显示出观看这一片段的观众的大脑不活跃。

希区柯克电影中的叙事场景的片段就像是，"房间里有四个人，并且他们看起来很安静，但是其中一人掏出一把枪，因此有人可能要中枪了"。这就是 ABT，这样就有趣得多。

它们之间的差异看起来很简单，但不要被表面现象欺骗了。两种结构之间的差异在传播领域中有着深远的意义。这就是为什么我们一再强调，ABT 是故事的 DNA。如果我们把叙事分解为单一的遗传因子，ABT 就是它们的编码。

原版 ABT

ABT 源自何处呢？你也许还记得我在本书第二章提到的吉尔伽美什，之后是亚里士多德，再然后我提到喜剧的五部分，最后提到 19 世纪初黑格尔总结的正题、反题、合题的三段论。这些概念就是 ABT 的基本来源，但比 ABT 模板更为复杂。

一旦你吸收了三段论的结构，你环顾四周，就能随处看到三段论的身影。在我给商务专业开展的工作坊里，参与者们谈到他们在案例研究中采用的模板。他们把自己的故事拆分为"状况、复杂性、解决方案"，这样的结构是芭芭拉·明托（Barbara Minto）用她的"明托金字塔原则"发展而来的方法。

这跟 ABT 是相同的三段论式的结构。状况（我们用 And 来连接事实的叙事），复杂性（我们用 But 提出一个问题），解决方案（我们用 Therefore 实现这个目的）。唯一的区别是，And But Therefore 看起来更简短一些。前两个词（And 和 But）你可能一天会听到千百次，几乎听而不闻。第三个词（Therefore）有一点儿沉重，我们可以用更简单的词取代它。在组织结构的时候这个词很管用，因为它有着建设性、提示性的音调（比更隐晦的词 So 要好得多）。

ABT 随处可见。20 世纪后半叶史诗文学领域最伟大的学者之一——艾伯特·贝茨·洛德（Albert Bates Lord）发展了一套自己的三段叙事结构，即"撤销（Withdrawal）、破坏（Devastation）、回归（Return）"，他称之为 WDR。他说自己在史诗《伊利亚特》中至少识别出 7 处这样的结构。

ABT 稳固而且具有普适性，但它是《南方公园》的创造者原创的吗？不是。在一次访谈中，帕克和斯通提到，他们在写出很多季《南方公园》后才意识到这项替换规则。所以他们并非一开始就创造了 ABT。

我认为我已经找到了真正建立 ABT 这一框架的作

者——具有传奇色彩的编剧弗兰克·丹尼尔（Frank Daniel）。在很多专家看来，他是迄今为止最伟大的编剧。他在 20 世纪 60 年代从捷克移民到美国，在哥伦比亚大学开创了编剧专业，做过 10 年的圣丹斯研究所艺术主任，后来在南加州大学教授编剧，1995 年我有幸在那里上过他的脚本分析课，那是他去世的前一年。

他太了不起了——利用他的"序列范式"（Sequence Paradigm）理论，他成为发现表演的结构化动力的先驱，并在南加州大学教授这些理念。在他的追悼会上，他最杰出的学生之一，大红大紫的导演大卫·林奇（David Lynch）致悼词。在采访中，林奇说，"没有人能像他一样理解电影艺术"。

这里才是最"原版"的 ABT 模板。在 1986 年丹尼尔的一篇演讲稿中，我们发现了如下的内容：

> 初稿的问题往往是单调……造成这样的结果有多重原因。通常原因之一是，场景一个接一个，用不该有的方式衔接：然后，然后，然后。这种情况你马上就会感到单调。而在动态的故事中，连接场景的模式通常是："然后"，"但是"，"因此"，"但是"，"与此同时"到达高潮。

如果你不用 But 和 Therefore 连接两个部分，故事就会变得线性、单调……日记和编年史可以这样写，但剧本不行。

这两段话里面包含了我们需要的所有的知识，就像我们引用过的杜布赞斯基的话一样丰富。

单调

在第一段引述中，丹尼尔指出了糟糕的科学报告的症结所在——我们已经讨论过的 AAA 结构。这是科学家作报告时的典型状况，而且还在不停地上演。其结果便是，无法有效地将材料组织起来。就像丹尼尔说的，这只能算某种初稿。

我们来考虑一个基本问题：谁应该担负起有效传播的责任？是你吗？作为听众的一员，被强迫着从头到尾跟上数据展示的思路，还要自己把这一切在脑海中组织成故事？

这听起来像是理想化的科学展示方式——纯粹的，不被人的主观意识干预的，单纯列举数据由听众进行判断，让事实真相自发浮现出来。这听起来像是很好的、诚实的、忠诚于归纳法的方案。但是，这一方案不仅科学用不上，同时还十分危险。当信息以这种缺乏脉络的方式呈现的时候，听众不仅要承担巨大的负担，还要承受错误理解科学研究的风险。

替代方案是，科学家承担起有效传播的责任。这意味着，科学家需要花时间去思考、起草、测试、打磨、组织材料，最终让大众轻松愉快地接受科学知识。

其结果是信息以更有形的方式展示，最好是使用ABT 的形式。展示可能包含几张图片（"这里显示的是数据，以及……"），然后用一张图片表达矛盾所在（"但是如果我们看这些数据，会发现和我们期待的很不同"），最后是新的工作的展示（"因此我开始收集下面这些数据……"）。这一结构化的版本将信息流组织起来，在听众的脑海中产生叙事的效果，有利于实现信息更好的传播。

唯一的麻烦是，这将让演讲者付出更多的努力。这些继而引出了一个问题，对你来说，听众正确地理解你有多重要？在第 10 小节，我会谈到两组科学家希望花时间和我致力于此。他们取得了很棒的成果。但他们要为此投入比以往多很多的时间在科学传播上。这是我们的代价。

AAA：无可非议

我并不是在指责 AAA 结构存在任何错误之处。我总是在演讲中立即澄清这一点，因为我经常看到听众中有很多研究生，他们会交头接耳地感叹："哦不，我明天准备交的报告完全就是 And And And 式的展示。我不能去参加今晚的朋友聚会了，我要重新调整报告。"

认真地说，我在所有的会议上都听到过这样的感叹。有一次我做了一场主题演讲，结束后在接待处学生们过来和我说，"你毁了我的报告，我只能重做了——都是拜你所赐。"但这一定是好事，学生们笑着和我"抱怨"，因为我们都知道，面对这些，我们就能做出简洁而引人入胜的展示。

但是再说一次，AAA 式的展示没有任何错误，它可以展示冗长的精确数据。这种结构完全能胜任大部分场合——可能有一点乏味，但是可以胜任。我们真正要讨论的是有什么办法可以再进一步提高，而不仅仅是胜任。我希望你对这样的方法感兴趣。

但是，除了乏味以外，AAA 格式还存在另一个潜在的问题。很有可能听众根本不能从你说的内容上得到他们想要的东西。为什么呢？因为真实的传播过程不会如此简单——"让真相自己浮现"。

"真相不能自证是非"（Truths cannot walk on their own legs），卡林·坎贝尔（Karlyn Campbell）在《修辞行为》（*The Rhetorical Act*）一书中这样说道："真相必须在人与人之间传递，真相必须被解释、被捍卫，在不同的语言中扩散、争论和产生说服效果。"这些让很多科学家感到恼火，但在现实中就是如此。

假设演绎法和归纳法

理想情况下，如果从事正常的科学研究工作，你通常使用假设演绎法，而不是归纳法。归纳法会逐渐让你假设自然就是一张白纸——在你的头脑中绝对没有偏见和预设的故事——用来收集数据，然后从中看出有趣的特征。

归纳法优越论在理论上听起来很棒，但几乎从来不会奏效。因为我们不想挥霍。有无数的文章讨论过科学方法为什么不像大部分人想象的那样如同一台机器。实际上，1992年亨利·H.鲍尔（Henry H. Bauer）写了一整本书讨论这一问题，书名是"科学素养和科学方法的神话"（*Scientific Literacy and the Myth of the Scientific Method*）。

合理的状况是，如果你有理由相信鸟儿因为温度或食物的原因全部栖息在树的一侧，那就没有理由浪费大量的时间和资源，测量树枝的放射性水平，或地上的钾含量，或任何其他无关的变量。有时候你需要做出一些判断，为的是不用测量太多的对象。

这就意味着，大多数科学家都承认，他们倾向于采用假设演绎法，为了效率的缘故，在一开始就采用了略带人为色彩的策略。对于科学的入门者来说，你要考虑所有潜在的假设，这些假设可能可以解释你观察到的特征，然后很快，通过演绎法，你会排除掉其中一些你认为完全是浪费时间的不靠谱的假设。

假设演绎法就是叙事。它本质上和 ABT 一样。利用假设演绎法，尽管你脑袋里的器官编码程序不总是很完美，你也可以高效并高产地从事高级工作，这对所有参与的人都有效。因此科学方法不是归纳法或者 AAA 式的过程，而更像是 ABT 的假设演绎法方式。

我们借此转回 ABT 的讨论上来。它是对大众最有效的、长盛不衰的逻辑结构。它有着无限的力量。如果你对它的有效性心存任何疑虑，我将搬来两位历史上的重要人物，由他们为你验证 ABT 的效果。

著名的 ABT 粉丝

亚伯拉罕·林肯

你没有看错，亚伯拉罕·林肯是"ABT 俱乐部"的一员。《葛底斯堡演说》（*The Gettysburg Address*）就是一套 ABT 结构。这次演讲简洁而引人入胜，采用的完全就是 ABT 的样式。我必须感谢我的好朋友，亚利桑那州立大学的帕克·豪威尔（Park Howell）指出了这一点。帕克正是因为意识到《葛底斯堡演说》的 ABT 结构，所以才会说 ABT 是故事的 DNA。

《葛底斯堡演说》是美国历史上最伟大的演讲之一。它如此伟大，以至于 PBS 纪录片制片人肯·伯恩斯（Ken Burns）制作了庆祝这一演说发表 150 周年的电影。但在伯恩斯的电影中没能表达出这一点——演说的结构是 ABT。

请看一看它，还不够明显吗？整体上分为三个段落，完美地匹配着 ABT 的三个部分。（这份演说至少存在 5 种版本，它们之间的差别不大，我将引用最广为流传的版本。）

演说的第一段，清晰地用一连串的 And 阐明事实：

87年前，我们的先辈们在这个大陆上创立了一个新的国家，AND 它孕育于自由的理念，AND 奉行一切人生来平等的原则。

虽然第二段没有出现 But，但实际上有着这样的含义：

BUT 我们现在正进行一场伟大的内战，以考验这个国家，或者任何一个孕育于自由和奉行上述原则的国家是否能够长久存在下去。我们聚集在这场战争中的一个伟大战场上，烈士们为使这个国家能够生存下去献出了自己的生命。我们来到这里，是要把战场的一部分奉献给他们作为最后安息之所。我们这样做是完全应该而且非常恰当的。

林肯在叙事的设置里，在"他们说"（一个国家建立于87年前）之后接着"我说"（国家现在正遭受内战），这样改变了叙事的方向，并且抛出了问题。

第三段实际上用了 But 开头，这一部分接着上面那段作为 ABT 中 But 的部分。中间往后的部分，可以感觉到林肯开始提出结论，或是呼吁行动，告诉他的听众需要做什么来解决问题。所以这一段后半部分非常贴合 Therefore。

　　但是，从更广泛的意义上来说，这块土地我们不能够奉献，不能够圣化，不能够神化。那些活着的或者已经死去的曾经战斗在这里的英雄们使这块土地成为神圣之土。我们无力使之增减一分。我们在这里说什么，世人不会注意，也不会长期记住，但英雄们的行为永远不会被人们遗忘。

　　Therefore，这更要求我们这些活着的人，应该在这里把自己奉献于勇士们已经如此崇高地向前推进但尚未完成的事业；仍然留在我们面前的伟大任务——我们要从这些光荣的死者身上汲取更多的献身精神，来完成他们已经完全彻底为之献身的事业；我们要在这里下定最大的决心，不让这些死者白白牺牲；我们要使国家在上帝保佑下得到自由的新生，要使这个民有、民治、民享的政府永世长存。

　　就是这样，完全相同的老结构。（顺便说一句，我向你保证，用这种方法教学生林肯这篇演讲会非常棒——教给学生利用结构来看待演讲，如果想要学习更多的关于论证力量的细节，可以阅读《他们说，我说》。）当你注意到这些——三段论式的结构——你会感觉漂亮极了，就在那里，清新爽朗，彻彻底底。

林肯发表了他的观点，骑上马继续前行。毫无悬念的是，这篇演讲经久流传。是的，演讲中也有着很多别的亮点——抑扬顿挫地采用"87 年以前"作为恢宏的开场[1]，简短，简单（我列举这些为了说明这篇演讲为什么如此了不起），但是仅仅有这个也只能算是平庸的演讲。AAA 式的表达同样可以简洁而概括，但难以做到不被忘记。

我不仅是在称赞这篇演讲的三段式结构。"过去、现在、未来" 3 个部分中，如果"现在"部分不是问题所导向的，演讲也不会有力量。

所以本质上演讲具有提出问题、解决问题的模式。这样的模式将你立即投入到叙事的国度里，激活你大脑的某个部分。所以认识这篇演讲的出发点是，它是 ABT 化的典范。

沃森和克里克

在一部著名的作品中可以找到另一个 ABT

[1] 林肯采用的文字是 "Four score and seven years ago"，直译为 "4 个 20 年又 8 年以前"，比直接说 "87 年以前" 具有更好的韵律感。

结构的例子。如果你是科学家，这个例子一定会吸引你。1953 年，詹姆士·沃森和弗朗西斯·克里克（Francis Crick）在《自然》杂志发表了一篇生物学领域的最为重要的论文，甚至有可能算得上整个科学领域中最重要的论文之一。这篇论文首次描述了生命的核心建筑材料——脱氧核糖核酸的结构。

他们的论文篇幅只有区区两页，不仅简明而且特别引人入胜，算得上一部传奇。詹姆士·沃森日后证明了自己是天才的作家和叙事者，1968 年他出版了自己的作品《双螺旋》。他绝对有着深层次的叙事感觉。并不令人感到意外的是，《自然》杂志上的论文在第一页采用了 ABT 结构。

我们看看它是如何开始的——一大串的说明之间用 And 连接在一起。作者大概是在说：别的研究者已经开始揭示 DNA 的结构 And 他们的结果对我们很有意义 And 他们的模型有三条链条 But 我们认为那是错的。

多么简单，多么清晰，多么动人。他们的议论就是这样平铺直叙，完全契合《他们说，我说》中的样式。他们显示表达了"他们说"，然后转向他们自己的"我说"（"在我们看来，这样的结构不能令人满意……"），然后展示自己的新发现。

A Structure for Deoxyribose Nucleic Acid

BUT

We wish to suggest a structure for the salt of deoxyribose nucleic acid (D.N.A.). This structure has novel features which are of considerable biological interest. A structure for nucleic acid has already been proposed by Pauling and Corey. They kindly made their manuscript available to us in advance of publication. Their model consists of three intertwined chains, with the phosphates near the fibre axis, and the bases on the outside. In our opinion, this structure is unsatisfactory for two reasons: (1) We believe that the material which gives the X-ray diagrams is the salt, not the free acid. Without the acidic hydrogen atoms it is not clear what forces would hold the structure together, especially as the negatively charged phosphates near the axis will repel each other. (2) Some of the van der Waals distances appear to be too small.

Another three-chain structure has also been suggested by Fraser (in the press). In his model the phosphates are on the outside and the bases on the inside, linked together by hydrogen bonds. This structure as described is rather ill-defined, and for this reason we shall not comment on it.

THEREFORE

We wish to put forward a radically different structure for the salt of deoxyribose nucleic acid. This structure has two helical chains each coiled round the same axis (see diagram). We have made the usual chemical

图 12　沃森和克里克发表于 1953 年《自然》杂志上的重要论文，运用了 ABT 模板。论文以 ABT 结构开篇，如果你试着加入 "and" "but" "therefore" 这三个单词，你就能很明显地看得出来。

　　沃森和克里克将你带入他们自己的叙事世界了。他们没有用多种方向的事实席卷而来。他们仅仅清晰地告诉你他们的工作和什么有关，然后把你带入一个单一的方向。

　　他们也没有走得太远。他们没有在一开头引用 15 种事实，让你明白他们懂得好多东西，强迫你说，"好吧，我知道了"。他们只是设置好他们的"故事"，然后启动。

　　古希腊人也是这样做的，乔治·卢卡斯（George

Lucas）在《星球大战》（*Star War*）中也是这样做的。大部分的人，无论从技术还是非技术层面，都会喜欢你这样做。首先给我们指引方向，然后把我们带入一个新的方向。早在科学期刊出现之前，这样的叙事就有着无尽的活力。

词的动态学

现在让我们近距离地看一看组成 ABT 的三个词。它们代表着三种类型的"连接词"，分别对应着三段式结构，即从一致到矛盾，再到结果。

AND

And 是表示一致和正向的词。如果你了解有关即兴表演的训练，你就会知道所有的主张都围绕着这样的基础，在每条建议之后用 And 表示一致性，达到赞同的效果。标准的即兴发言是："是的，并且……"如果有人对你说了什么荒唐的事，你不该直接反驳他所说的，你要说"是的，并且……"

用一系列 And 来连接一开场白中的事实，你可以开始讲述一个故事，或议论，或解释，而且不会造成紧张或冲突——仅仅是单纯地表示一致，仅仅是在你开始挑战听众的思想之前罗列出基本事实。表示一致性的连词有：also（以及），likewise（诸如），similarly（同样地），as well as（一样），in addition（另外），等等。

BUT

But 是转折词，表示否定和否认。大部分即兴演讲的指导者都禁止使用这个词。它会改变事物前进的方向，不利于你尝试建构和描绘宏观思想。它改变方向，因此消除了创造性。

使用 But 会产生什么结果？由于它强制转变叙事方向，所以制造了紧张，甚至是冲突的感觉。我们乐于沿着一个方向前进，我们感到舒适。But……现在我们不再沿着原来的方向继续了，这会带来一定程度的不安。

冲突是所有故事的驱动力。罗伯特·麦基（Robert McKee）在他的《故事：风格、结构、本质和剧本原则》（*Story: Style, Structure, Substance, and the Principles of Screenwriting*）（后文简称《故事》）一书中描述了他的理念，即"讲故事中的冲突定律"。他说，"除非依靠冲突，否则故事无法推进"。他补充道，"冲突之于讲故事，就像声音之于音乐"。

沃森和克里克发表在《自然》杂志上的论文说"在我们看来……"的时候，我们所感受到的就是冲突。他们已经陈述了事实——他们"说"——但是他们随后改变了叙事方向。因此故事得以推进，叙事得以发展，每个人都可以更深入地思考，而不会丧失兴趣。

其他的转折词汇还有：despite（尽管），yet（然而），however（但是），instead（相反），conversely（反过来说），rather（并非），otherwise（否则）。需要强调的是，将叙事转向一个不同的方向是了不起的动作。但是如果你考虑到个体叙事的力量，你会明白超过一次的转折可能会带来问题，我们后面会继续讨论这一点。

THEREFORE

Therefore 是表达结果的连词，具有时间性。它会在积累一定时间之后展现结果，并释放出后果或效果。

故事中的核心元素是什么？时间。我们如果要讨论叙事的发展，我们就必须让叙事随着时间向前推进。Therefore 就是起到这样作用的词。它把事件整合到一起，让它们往前运动一步。

我实际上是在我的工作坊里观察到 Therefore 的功能的。有人尝试着陈述一个观点，但是用很冗长的篇幅来收尾，直到有人几乎不自觉地打断他问道："所以呢？"Therefore 在这里是个暗示，表示"你什么意思？你指的是什么？你的目的是什么？"

最近我参加了一场非常无趣的气候变化主题的演讲。跟我邻座的一位演员是我的朋友。他参加过我的一次演讲，但我彻底忘了。在我们听演讲者枯燥无味地讲了半个小时之后，演员朋友问道："所以呢？"这让我很受震动。

作为脚手架的 ABT 连词

ABT 的三个词没有什么神圣可言。你可以自由地选择别的方式。你可以用"Also，Still，Since"（并且，问题是，所以）代替（只不过缩写字母就不那么美观了）。但其实更好的方式是，我们根本不用这些连词。它们只是简单的建筑元素，可以帮助你获得理想的叙事结构。如果你已经依靠它们建立起了强烈的叙事信念，它们就可以被移除，建筑本身也还会屹立不倒。

这就是为什么你在《葛底斯堡演讲》和沃森与克里克的论文里看不到这样的连词。它们不是必须的，但你可以把它们运用到文章中显示你的叙事直觉，这方面它们确实起作用。

实际上，ABT 可以用来做实验——检验一篇文章是否有好的叙事结构。这完全就是我们要追求的目标。但是首先，我们需要进行一项额外的调整。

DHY：大困扰遇见大乏味

这一节的标题是对我有史以来最喜爱的电影评论的称赞。这篇评论评述的是一部反映内战的电影《众神与将军》(*Gods and Generals*)。某位残酷的评论者的评论文章标题为"少校的沉闷遇到将军的无聊"。

有两种办法可以让传播显著地变糟。第一种就是无聊。第二种是使人产生困扰。AAA 结构专门生产无聊。我们现在来讨论什么样的布局会带来困扰。

我们已经知道了，如果你用太多太多的 And 来列举事实，形成 AAA 结构，实际上就没有叙事。我们已经了解到 ABT 结构可以产生黄金叙事（"恰到好处"）。现在让我们来看第三种类型，我将其描述为"过度叙事"（我本来想称之为"超叙事"，但是我发现这个词已经广泛应用于游戏世界，我不确定它的含义符合我的概念。）

我所说的"过度叙事"的意思是，存在着太多的叙事的走向，同时或者接二连三地调整方向。这样的故事，会让听众感觉太过困扰。我确定你在生命中至少听过一次这样的故事。

使用太多的转折词就会发生这样的后果。一个单独的转折词，比如 But，创建紧张的来源，遵循着个体力量的原则，我们曾经谈到过这一点，关于一种优秀的、清晰的、单一的叙事主体。但如果你环顾四周，你会发现在大量的例子中，故事讲述者都在迅猛地调转叙事的走向，让听众走上一条崎岖的路。

为了便于记忆，我将这一模式用三个转折词 Despite（尽管）、Howerer（但是）、Yet（然而）的首字母缩写表示为 DHY。（在第 10 小节我会指导你用三个连贯的句子完成一篇研究论文的摘要，每个句子都用这样的转折词开始。）你可以看到这样做的后果是什么——Despite（尽管）把你送到一个方向上，However（但是）又把你送往另一个方向，然后 Yet（然而）再次建立一个新方向。对大部分人来说，这个过程持续地增加困扰。

但对某些人来说，这样可以更有趣，更有挑战，会比用 ABT 传播更有好处。如果你把一群愿意在多重叙事、令人费解的过程里思考的人拉到一起，他们可能会度过充实的一段时间。

你可以在很多学者那里经常听到这种叙事模式。他们就是靠着这样的复杂叙事成长起来的。他们喜爱一次说一种双向的叙事，就像是"存在一些不突出的人，我们要说，他们所做的事不是很重要"。你可以用这种方式对一部分人说话，他们会很享受。但对大众不行。他们不会那样说话。他们会说，"明显存在一群人，他们正在做某些重要的事"。

对于科学界而言，安妮·格林（Anne Greene）在她的《用易懂的英语进行科学写作》（*Writing Science in Plain English*）一书中友善地表达了语言平铺直叙的必要。她说："科学写作，在数量上大爆发的同时，质量上没有进步。"她所追寻的简单性的原则，和我在叙事中提倡的用词是一致的。

DHY 结构在多重叙事中频繁变向，让我想起电影学院里的导演课老师，爱德华·迪麦特雷克（Edward Dmytryk）。他是 20 世纪 40 年代整个黑色电影（Film Noir）流派的开创者之一。他给我们展示了一些他的黑色电影——《交火》（*Crossfire*）、《谋杀，我的爱人》（*Murder My Sweet*）、《围堵》（*Cornered*）。他警告我们，电影的情节非常复杂。这一警告也算是轻描淡写了。每部电影的前 10 分钟就让我迷失了方向。我不停地思考，"等一下，她杀了那家伙吗？我觉得她是他的妻子——不，等一下，是她妹妹。但是她妹妹不是已经死了吗？我想不通了"。

迪麦特雷克用这些电影和《纽约时报》上的填字游戏做比较，他的电影相当于用第二层、第三层线索才能解开，只有超强的人可以完整破解。

这对科学家来说存在一个问题：你想要对谁说话？如果只是你所在领域的 7 个人，他们对材料的了解程度和你一样深入，那么没问题，用 DHY 结构讲下去，你的叙事可以同时发展 5 种方向。但如果听众是广泛的科学家群体，或者普通公众，你就应该像沃森和克里克那样说话。他们证明了达·芬奇所说的关于简单才是终极的复杂这一真理。

叙事光谱

现在我们有了三种不一样的叙事结构——非叙事（AAA），最优叙事（ABT）和过度叙事（DHY）。这让我们回到前言部分讲过的图 2。我们现在用无聊、有趣、困扰的程度对各种叙事结构进行排列。我称之为"叙事光谱"。

叙事光谱会被证明是有力的工具。利用它，你应该可以把写作或者演讲对应到光谱上的某个点。如果作者或演讲者正在失去听众，他们可能是因为厌倦了（非叙事的方式）或是太困扰了（过度叙事的方式）。也可能两种问题都存在。

对失败的传播至少有这样一种分析的方法，从分析中获得思路可以改善失败的传播。比起说"我不知道，他跟不上我的思路"，这样做更有用。分析是好办法，尤其是如果你从事科学工作。在第 10 小节，我们将利用叙事光谱做分析。

只有老一代如此吗？

是时候再让科学家们对 ABT 感兴趣了。可能你会认为，沃森和克里克的论文写于 1953 年，亚伯拉罕·林肯的演讲发表在一个世纪以前。可能你会觉得时代在改变，而今天的科学家需要更多样的叙事结构，不应该固守 ABT 的陈规。

错了。

在前言部分，我提到 2003 年诺贝尔奖得主兰迪·沙克曼呼吁抵制顶级科学杂志。作为对他领头呼吁的回应，我们用他当作目标来测试叙事光谱。他在自己的研究论文的摘要中有展现好的叙事结构吗？

猜猜结果是什么？在他最近的 6 篇论文的摘要里，我发现其中 4 篇毫无疑问使用的是 ABT 结构，另外 2 篇也非常接近。即便这些论文带着特别多的规范和特定的术语，我一开始无法理解它们的含义，但 ABT 的结构可以明确显示出来。

这里我们展示其中的一篇，看看你是否同意它具有清晰的 ABT 结构。这篇论文的题目是 "Regulated Oligomerization Induces Uptake of a Membrane Protein into COPII Vesicles Independent of Its Cytosolic Tail"，我完全不懂这是什么意思，但这里我们给出摘要部分：

内质网（ER）中跨膜蛋白的输出，主要通过直接并入外壳蛋白复合物 II（COP II）包被的囊泡来实现。事实表明，一些货物蛋白到 COP II 囊泡的分选机制，是由跨膜蛋白和 COP II 外壳形成蛋白之间的特异性相互作用介导的。但是，即使在膜蛋白的胞质区域上已经鉴定到内质网出口信号，我们对内质网输出的一般信号和分选机制仍然知之甚少。为了研究输出过程中货物蛋白寡聚物形成的作用，我们构建了一种跨膜融合蛋白，由于其具有 FK506 结合蛋白结构域，因而可以通过添加小分子二聚体在分离的膜中发生寡聚化。二聚体的存在极大地增强了 COP Ⅱ 囊泡对融合蛋白的包装，表明寡聚状态是该膜蛋白从内质网向外输出的信号。令人惊奇的是，蛋白分选的这种寡聚化依赖效应并不需要胞质尾。因此，我们必须考虑其他能够解释融合蛋白从内质网向外输出的机制，如膜弯曲。

这篇摘要具有 ABT 的美感。沙克曼和他的合作者用两句清晰的表达来开篇，然后我们看到了"但是"（But）这个词。它提出问题，在这里有某些东西"还没有很好地被理解"。然后你可以把"因此"（Therefore）这个词插入到"为了研究……作用（Toinvestigate the role of）……"之前。

我再次摘录这篇论文摘要的第一部分，将其进行编辑为你显示出 ABT 结构。

陈述：内质网（ER）中跨膜蛋白的输出，主要通过直接并入外壳蛋白复合物Ⅱ（COPⅡ）包被的囊泡来实现。

陈述：事实表明，一些货物蛋白质到COPⅡ囊泡的分选机制是由跨膜蛋白和COPⅡ外壳形成蛋白之间的特异性相互作用介导的。

转折：但是，即使在膜蛋白的胞质区域上已经鉴定到内质网出口信号，我们对内质网输出的一般信号和分选机制仍然知之甚少。

结果：为了研究输出过程中货物蛋白质寡聚物形成的作用……

由此可见，根据事实，我的观点得以证明。其他论文的摘要写得同样清晰。要知道，这家伙拿过诺贝尔奖。感谢兰迪·沙克曼，即使他论文中的科学术语对我来说就像中文一样难懂，也不妨碍他给我提供了这么好的结构化样板。这一点确凿无疑。

我们反反复复说的就是给简单一个机会

科学界在一个世纪之前采用了IMRAD模板，相比而言，我们在这里提出的 ABT 是一种更小尺度的版本。如果你要拒绝接受 ABT 的模板，那就要问问自己，是否打算同样反对 IMRAD 模板。

经过一个世纪，科学界现在已经扼杀了在研究论文中进行创意表达的机会，从大的层面来说，所有作者都必须服从无情的 IMRAD 模板。一想到如果不是 IMRAD 模板广泛普及，他们可能要读那些没有结构的论文，几乎所有的科学家都对此回应"谢天谢地"。

这背后的原因和我正在谈论的 ABT 是一样的道理。科学写作的主要目的不是展示狂热的和富有表现力的表达，而是要以恰当的方式传达重要和有趣的信息，这一方式要在传达过程中实现效率最大化和误解最小化。我建议你采用的 ABT 其实就是将 IMRAD 方法分解，同样是为了实现最少的无聊和困扰。你可以从论文摘要开始，但最终要在全篇这么做。记住，一定要讲故事。

塑形：简洁 vs 引人入胜

希望你现在已经承认 ABT 是有力的叙事工具，它值得用来组织或展示你自己的故事或研究项目。如果你打算这么做了，如果你希望你的研究有着沃森和克里克那样的清晰度和宽广度，就请让我指引你构筑你自己的ABT结构，这一结构既简洁又引人入胜。

首先，我们觉得这两种属性是彼此矛盾的存在。渴望简洁，就会被迫压缩内容。在今天这个信息过载的世界，这是我们义不容辞的任务。但是，如果你压缩得太厉害，最后得到的可能是信息的"干瘪"，这不是你想要的（我知道这一点，因为总有些人对我这里说的东西不感兴趣）。

所以你希望剪切你的内容，让它们还保留信息中的重要片段。我在这里讲述的方式是分析，而不是直觉。我之前提到过几位作者，他们向你介绍如何进行"电梯游说"，我当时指出，他们几乎所有的建议都太过宽泛，都强调用直觉实现简短、有力、鲜活的游说，并且在游说中展现出你的工作的本质。但这里面没有分析。没有分析就不会对你的实际操作有帮助。但ABT会有帮助，尤其是用它进行过程分析。

通向 ABT 的黄金方法

利用创建三种 ABT 的过程，我们再来探讨最恰当的形式。一种尺度太大，一种尺度太小，还有一种是刚刚好的。通过改变简洁性和引人入胜的程度这样两个参数，我们来做到这一点。

这样的练习帮助你理解你要说什么，这样才能讲出你想讲的故事。这是在我的工作坊里经常被提及的问题——人们有很大的故事要讲，却思维混乱。我问他们，"你想讲什么故事？你想让我们真正了解什么？"

1. 信息化 ABT（iABT）

看似夸张，但我要把这三种 ABT 版本用小写字母加以区分。就像是我可以区分信使 DNA，转运 DNA、线粒体 DNA 和其他组成生命的特别重要的成分。实际上，这样的比喻特别恰当，如我所说 ABT 就是故事的 DNA。

我们的出发点是信息化 ABT（Informational ABT，iABT）。它是 ABT 的第一种版本，你完全不用考虑它存在简洁性。我们唯一感兴趣的是涵盖所有有意思的信息。

这个结构产生出超长的、笨拙的、你一定不愿意在公众面前说的"句子"。这样的句子意味着一开始就已经事无巨细，包含了所有潜在的趣味和有意思的信息，而且已经用上了 ABT 的那些关键词。

这里我们展示一份 iABT 的例子，作者是北得克萨斯

大学的研究生凯特林·福克（Katelynn Faulk），她在2014
年参加了我在美国生理学会会议上举办的工作坊。

iABT：在我的实验室里，为了研究昼夜持续血压的
生理学机制，我们用慢性间歇低氧状况模拟老鼠的适度
的睡眠窒息。但是，我们意识到，中央神经系统中的分
子路径对血压控制有着重要贡献。因此，我们开始探索
新的分子路径，用以拓展我们的睡眠窒息模型。

好了，可以松一口气了。一口气读下来太长了。如
果有人在鸡尾酒晚宴上问凯特林是做什么工作的，她一
定不想用这样的方式回答。但别担心，这才刚开始。

2. 对话 ABT（cABT）

现在我们走向另一头，创建一种极端简练的 ABT。
基于两条原因，对话 ABT（Conversational ABT，cABT）
是一种有意思得多的调整。第一，它挖掘了内容的核心；
第二，它提供一个机会实现"叙事关联性"，我很快会解
释它。

建立 cABT 的第一个挑战是压缩所有有意思的信息
和内容。将 ABT 变成尽可能宽泛的形式。我知道这样的
结构读起来很有意思，但相信我，你读完之后宁愿去搞
明白 iABT 里那些专业术语的意思。

这里我帮助凯特林完成了 cABT 的创建（如果你觉得以下内容太傻了，你要责怪的是我）：

> cABT：我们正在寻找一种方法，但是意识到另有别的路径，所以我们去寻找新的方式。

对，听起来就是很傻。但这就是我们想要的结果——这并不傻，这些内容只是特别的空泛，缺乏内容。

从这种练习里，你学到的第一件事是，你可以意识到你正在说的最核心的内容。这是你的故事的最简单的形式。有人如果问"你真正想要试图说什么"的时候，你就可以这样回答。对这样的问题，你总有答案应对——只是太普通了，我的工作坊的参与者不会如此。凯特琳会回答："基本上，我们曾经用某种方式工作，但找到了更好的方式，这就是我们正在做的。"这就是她想要讲述的故事的核心。

现在我们暂时搁置最恰当的 ABT 的讨论，来说一说为什么这是有力的元素。

3. 特征关联性对叙事关联性

在我们的"讲故事连线工作坊"里，有一位指导即兴演讲的导师布莱恩·帕勒莫，他最提倡的是"关联性"。在我们的《连线》一书的开头，我们每个人都用一句话概括了我们的主要信息。布莱恩的这句话是，"让你的故事有关联"。

这是你自己需要负担的传播的另一个方面的问题。改善这一点要花费时间和精力，但这一点非常重要。布莱恩所说的是，如果你全部的努力就是为了告诉人们一些关于你生活的事实，他们可能会，也可能不会从中找到有意思的东西。但最终，他们可能想要知道的是，"那么这和我有什么关系呢？"因为他们无法让自己和你说的内容建立联系。

布莱恩推荐你找到某个方法，把你必须讲述的内容组织成能与你的听众建立关联的形式。如果你正在对一群高尔夫球爱好者讲述太空飞行的物理学，你的挑战在于能否讲出高尔夫球中运用到的物理学。任何你插进来的内容，只要他们能在他们自己的世界里认得出，都会有助于建立听众和你讲述的内容之间的关联。

我们可以称之为"特征关联性"——利用具有某些特征的素材，可以连接到与他们相似的世界。这一点有力而且重要。但通过建立 ABT 的过程，我们也可能通过"叙事关联性"实现建立关联的目标。我在工作坊里用

ABT 实现这一点，是一项新的特色。迄今为止，我还没有在已经出版的书中看到有别人讨论过关于讲故事结构的这个方面。但我认为，这一方法有着潜在的力量。

比如说，你此刻正对着一群人演讲，他们对你的领域毫无了解，也没什么兴趣。只要你采用了他们能识别的和有关联的叙事结构，你依然可能和他们建立某种联系，至少是一段时间的联系。

假如你这样开始说："让我来告诉你，我的实验室里最近出了什么事。我们用某种方法做着一件事，但是最近意识到还有另外的门路，因此现在我们转变了方式。"

这样的谈话绝对有可能让听众群体中的一名房地产中介和你产生关联，她会突然想到自己，"哇喔，就和我身上发生的事一样——我使用一种清单目录服务已经很多年，但最近发现一种新的方法，我正在尝试新的"。

房地产中介会立即意识到，她和你在某些方面有共同之处。你已经开启了交流的通道，靠着提供某些有关联的信息。

现在如果你继续说，"这件事起初是我的新助手提供了一些新的建议，"这很有可能会让某人产生关联，她会想，"哇喔——我起初也是这样。我雇了新助理，他告诉了我另一种目录服务"。一旦发生了这样的情况，她将顺着你的思路听下去，将告诉你她也具有的共同点，你们有可能产生亲密感。

但是相反的情况是，如果你一开始说，"让我告诉你，在我的实验室里我们用慢性间歇低氧方式……"这名房地产中介将和其他科学领域之外的人一样和你断开联系。你的传播可能要就此打住了。

记住，脑子里必须先有关联性。一位女士给我讲起她在澳大利亚参加的一次晚宴，她当时坐在一家大型矿业公司 CEO 的对面。她立即给他上起了全球变暖的课，他保持沉默。她想知道她应该怎样更好地把握这样的机会。

我告诉她，她可以用某些特征关联性开头。如果她能谷歌一下这个人，找出他的特质，比如说他酷爱网球，她就可以从谈论最喜爱的网球选手开始讲述。基本上，她只需要一些能提供共同之处的内容开始话头，就能打开沟通的渠道。

但是她必须首先使用有关联性的资料。如果和这个家伙就环境话题产生争吵，一点儿用也没有，这时改变话题也于事无补，"那么，你恰好赶上了澳网公开赛吗?"不，那样不管用。

4. 保管员 ABT（即 kABT）

kABT 是你的最终产品。长度可能在某种情况下介于另外两种 ABT 之间。要实现它，你需要在简洁和引人入胜之间取得平衡，一点一点地把你删减过的信息找回来。cABT 太过于空泛，很难对公众展示你的故事，但你又不想滑到 iABT 这样的极端去。

我给凯特林的 kABT 建议是：

> kABT：在我的实验室里，我们正在用老鼠作为模型系统来研究睡眠窒息，And 我们关注的是其中的生理学机制。But 后来我们意识到真正起作用的因素位于中央神经系统的分子层次上，Therefore，我们开始探索新的分子方法。

这一版本足够短，来得及在舌尖脱口而出，同时又饱含了引人入胜的信息片段用于讲述完整的故事。如果有非常重要的人在电梯里问她，"你在做哪些方面的研究？"她就可以回答："谢谢你的问题。我研究睡眠窒息，对，你知道，就是这么疯狂。在我的实验室里，我们用老鼠当模型，我们对生理学机制的实际作用关注了很久了。但是最近，我们意识到真正的答案存在于中央神经系统里分子层面，所以现在我们改变了研究策略，开始关注分子方法。这就是我的故事——从生理学到分子层面的转变。"

简单，清晰。这样的讲述直通故事的梗概，表达过程不会让人觉得无聊或者困惑。实际上，这么说经常能引起对方的兴趣。这就是叙事的力量。

再多说一点。有时候人们会问，"我怎么知道一句ABT 结构里该用多少个词？"我的答案很简单——凭直觉。没有预设的长度，每个故事都不太一样。你甚至可能会用到多句 ABT 来讲述你的项目中的故事，而且不同的 ABT 的受众不同。你可能需要用比较轻量级的 ABT 对付最广泛的听众，而用带有多一些技术语言的 ABT 面对你的同行。

当需要考虑句子的长度的时候，你就需要凭借叙事直觉实现这个目标。这是让你长期训练的动机——能够感觉出多少个词更合适，而不是靠预设的安排行事，因为根本没有一个确切的数字可以放之四海而皆准。

8

方法：段落
英雄之旅

是时候用到第三种工具了——我们的段落模板，它庞大而有趣，是讲故事的核心，并且还会消耗你的大量时间才能掌握。基于这样的原因，我用了更长时间在句子模板（ABT）上，它对于初学者来说更实际一些。在这里，我简单地为你提供一些段落模板的导览，看一看这条路最终会把你带去哪里。

段落模板植根于真实的约瑟夫·坎贝尔的素材，即英雄之旅。它是乔治·卢卡斯在《星球大战》里用过的东西。摆弄这个东西很好玩，你可以用它来让你的朋友对你印象深刻——"嘿，我正在深入了解好莱坞对我的传播工作能起到的作用"——但是要小心，在这一层次上，它绝对有可能让你误入歧途。它容易被误用，被误解，从而让你产生挫败感。我在我的工作坊里见过这样的情况，这些事时有发生。

我已经给你讲过了约瑟夫·坎贝尔的讲故事的环形模式。英雄之旅比它有更多的细节。我能在一开始为你做的最好的事就是给你提供一点儿优秀的资源。

坎贝尔万岁

克里斯多夫·佛格勒的《作家之路：写给作家的神话结构》就是约瑟夫·坎贝尔描述过的讲故事方面特别有力的资源。你也看到了，我经常引用罗伯特·麦基的故事。对这些素材的实际应用不是在写故事上，而是在商业界，2007年有一本优秀的书名为《打赢故事之战：为什么讲故事最好的人统治未来》（*Winning the Story Wars: Why Those Who Tell—and live—the Best Stories Will Rule the Future*），作者是约拿·萨克斯（Jonah Sachs）。在这之后，马修·温克勒（Matthew Winkler）的《是什么造就了英雄？》（*What Makes a Hero?*）是了不起的、简单的、短小的 TED 类型的视频，尤其是它的开头两分钟，值得你一看。这个视频让你获得整体上优秀的直觉，能够理解坎贝尔的环状模型的英雄之旅如何起作用。

像我提到的那样，对于实现和赏识故事结构来说，好莱坞至关重要的事件是乔治·卢卡斯应用坎贝尔的教导拍摄了第一部《星球大战》。之后再也不会发生同样的事了。很多别的故事结构的仰慕者和朝拜者紧随其后，进一步扩大了坎贝尔的真理的影响力。当时只道是寻常，如今方知追随忙。

布莱克·斯奈德（Blake Snyder）是坎贝尔的信徒之一。2005 年他写了一本《救猫：写剧本你需要的最后一本　书》（*Save the Cat: The Last Book on Screenwriting You'll Ever Need*）（简称《救猫》），几乎就是如何组装故事为剧本的指导手册。这本书非常流行，但也遭到了激烈和严肃的质疑："难道电影工业已经变得公式化了？"

对这一问题的讨论最好的文章是彼得·桑德曼（Peter Suderman）于 2013 年 7 月发表在 *Slate* 杂志上的文章"拯救电影！2005 年流行好莱坞的一本书让每部电影都大同小异"。他提到的这本 2005 年的书，指的当然就是《救猫》。桑德曼的文章值得一读。他概括了近来电影遇到的基本问题——他感到电影彼此相似。他说，"暑期档电影都有着公式化的问题。但人们并不太知道真正的电影公式一页纸就可以概括，在荧幕上'何时，应该发生何事'。就像是疯狂科学家已经发现了一种秘密方法，可以实现完美的、至少是通俗意义上的完美——暑期档大卖"。

桑德曼对近来的电影太相似的问题的关注和抱怨，是有依据的。事实上，他的文章中特别棒的一点是，他的文章本身的结构用了非常多的英雄之旅的公式。在结尾处，他发现了这一点，并邀请读者回顾这些文字并识别出这样的地方。可以确定的是，他的文章中有着和电影公式一样的"最黑暗的"前半场，如他所说，"一旦你知道了公式，好像就可以拍电影了。所有的电影一开始看上去都一样，许多场景显得牵强和霸道，就像疯狂游戏。"他用这些结论总结了英雄之旅的公式：

> 这帮助我排列我的想法，找出我接下来应该说什么。但我也发现，我自己的写作会去贴合公式的需要，而不是去实现更好的作品——有些段落被缩减，有些彻底删掉，有些段落的存在只是为了符合公式中要求的节拍。这让写作变得很容易，但另一方面，也让我缺少了创造力。

好吧，让我说两件事来回应上述非常合理的话。

好莱坞是没有创造力的污水池

我可以愤怒地说出这句批评，因为我在电影学院里很早就亲眼所见这样的真相——基本上，懒惰的作家会重复利用相同的电影素材。

我出现在电影学院，想拍电影，用电影讲述我在真实世界里 20 年的科学经验。但我的大部分同学想用他们喜欢的电影中相同的元素来拍电影，从《夺宝奇兵》（*Indiana Jones*）到《虎胆威龙》（*Die Hard*）都成为素材。他们不想从真实世界里带来新鲜的、新颖的、不同的东西。他们如饥似渴地想要重复利用 [昆丁·塔伦蒂诺（Quentin Tarantino）已经证明了即使不与时俱进，有时候也会特别酷]。

在我们的写作课上，我看到这些学生为他们的剧本创建人物，这些剧本明显就是基于他们已经知道的人物——不是来源于真实世界，而是来源于他们年轻时候消费过的无数的电影和电视剧。他们创造的角色就像《王牌特派员》（*The Cable Guy*）中的金·凯瑞（Jim Carrey），人物的个性和生活观念都来自伴随他们成长的情景喜剧中的角色。当时没有，现在也没有，没有人有热情和兴趣去创造新的素材。创造力坍塌，但没有人觉得其中有问题。

素材如何组织起来，以及是否要这样组织，全都不重要。真正的问题在于，无休止的重复利用。或者就像一位作家朋友说的那样，"他们喜欢在自己的废气中呼吸"。

有问题的是内容，不是形式

当街上所有的房子都用相同的砖以相同的形式建造时，这种形式一定会特别惹人注目。但如果它们用不同的材料以同一种形式建造，形式可能就不会引起注意，至少一段时间不会。更重要的是，如果有创造性的元素加入其中，在细小的尺度上起作用，整体感觉还会很有乐趣。

我要重申，这是好莱坞面对的真正的问题。问题在于原材料，而不是形式。为了强调这一点，我要给你讲到两年前有朋友发给我的一篇博客文章，文章是关于一位剧作家被告知，当制片人谈到工作室这个词的时候，他们想要的是"原创性"。

作家描写和一群制片人开会，制片人一直在说他们正在寻找"原创的"素材，作家觉得正在展示的就是这种素材，可是制片人不喜欢他的东西。其中一位制片人最后说，他们所说的"原创"的意思是，像一些流行的、热销的漫画书中的人物那样，还没有在电影里出现过，但是已经在漫画界具有了广泛的知名度。这就是他们定义的"原创"。

在那样的世界里，你在公寓里抓耳挠腮，在脑子里终于构思出一个角色，但不是制片人所说的原创角色。你的角色显得奇怪，因为没人听说过它。他们不想和奇怪扯上关系。严肃地说，这就是很多好莱坞制片人心里想的。相似性植根于他们的血液里。而差异性，你懂的，就是奇怪。

当观众说电影看起来感觉都一样的时候，他们竟然还会觉得震惊。但是再重申一次，造成这种感觉的不是形式，而是内容缺乏变化。

两种不同的段落模板：
故事线索生成器和故事圈

故事线索生成器

对一部好莱坞电影来说，整个故事通常可以拆分为单个的句子或段落，它们被称为"故事线索"。在我们的《连线》一书中，我的合作者多莉·巴顿建立了一种模板，她称之为"故事线索生成器"，这一模板基于布莱克·斯奈德的《救猫》中的结构化元素（也就是说，基于约瑟夫·坎贝尔的英雄之旅模型）：

1. 在平凡世界中

2. 一名有缺陷的主角

3. 灾难性事件颠覆了他 / 她的世界

4. 作出评估

5. 主角投入行动

6. 但是风险增加了

7. 主角必须学到教训

8. 为了阻止反派

9. 实现他 / 她的目标

这套"故事线索生成器"是另一组填空式的模板。我们把这套工具弄成了"讲故事连线 App"。在晚会上每个人都喊出一些元素——"谁能告诉我一个平凡的世界……""一家屠宰场！""一间修鞋铺！""一间美甲店！""好，现在来说一名有缺陷的主角……""一名有偷窃癖的珠宝商！""一名不诚实的警察！""一名酗酒的神父！"这会非常有趣。

一个接一个，用完全不着边际的方式，九项元素都填满了。但我们早些时候就意识到了，故事需要"从哪里开始，就在哪里结束"。让每个人都提出建议是很好玩的方法，但你最后的段落——通常是最有意思的事情——有可能是没用的废话。

如果你进行太多次这样的联系，你就会开始相信这样的观点：故事线索是无用而愚蠢的。但如果你严肃地对待它，你将获得更多的回报。要想有所收获，可能要花费你一些时间，但最终很值得。

故事圈

我不会花时间在故事圈上了——多莉·巴顿的故事线索生成器和其他英雄之旅模板可以作为替代。现在已经有很多本书写到故事圈和更多的方法。但是作为和故事线索生成器的比较，我在这里列出故事圈的 12 条标准元素，这些元素基于马修·温克勒的 TED 演讲的版本创建：

1. 召集冒险 Call to adventure

2. 援助 Assistance

3. 出发 Departure

4. 苦难 Trials

5. 接近 Approach

6. 危机 Crisis

7. 财宝 Treasure

8. 结果 Result

9. 返回 Return

10. 新生活 New life

11. 解决 Resolution

12. 现状（但是得到提升）Status quo（but up-graded）

英雄之旅模型的强度

还记得图 11——三种 WSP 模板的作用时间吗？单词和句子模板会在使用时立即生效，但段落模板最终会让你走完全程，实现叙事直觉。我们先坐下尝试将你自己的研究项目用正确的方式组织起来，但你一定要小心，因为很可能最后一团糟。

按照下面的做法，可以让你很快脱离正轨。用故事线索生成器，你可能会说，"好吧，我们让我们的实验室做主角。它的缺陷是什么？也许缺陷是实验室的运作从来不按时间表。那么，灾难性事件是什么？"以这样的方式，把空格填完。但除非你已经用这套模板做过大量的练习，否则你可能没办法真正填得好。你最后会说，"等一下，谁是我们的反派角色？是我们的科研基金机构吗？还是公众？或者反派是我们对抗的时间表？"

这样的困惑就是桑德曼抱怨过的，他说："我也发现我自己的写作总是在满足公式的需要，而不是为了写出更好的文章。"你不想犯这种错误。如果你把事物支离破碎地放入模板，而这些内容看起来没真正符合模板的要求，你可能就偏离了轨迹。这就是你的风险，"为了讲好故事而歪曲科学"——这是《新科学家》(*New Scientist*) 杂志对我的《别做那样的科学家》一书的刺耳的指控（虽然我没有为了讲好故事而歪曲科学，但我不得不在两周以后给编辑写信反驳他们的指控。）

所以，要小心，别强迫英雄之旅的模型为你服务。这是我对这套工具的使用提出的警告。它可能在短时间内对你没有任何价值，不要把你的故事逼到那个境地。

长期来说，英雄之旅的故事有真正的价值体现。你用得越多，你就会越熟悉它，你就越能把它吸收到你的内在层面，让你越来越好、越来越强地使用叙事能力。如果你已经足够了解这一切，你就能分辨出具备这样特征的内容，在真实世界的环境里，它们会自动涌现在你眼前。

举个例子。我在英雄之旅的模型中讲过四件特殊的事（我用了两种不同的段落模板描述过它们），这四件事帮助你发展更深入的故事结构感。它们的内涵远远超过我在这里所描述的内容。

1. 三种解决问题的方案组合

我们反复指出过，故事，有它们的核心所在，这个核心就是提出问题和解决问题。利用故事线索生成器的结构，可以产生三种解决问题的方案。

第一种体现在第 3 条和第 5 条元素中。当主角所在的平凡世界被颠覆后，第 3 条提出了问题。采取行动后，第 5 条给出了解决方案（至少是最初的、临时性的解决）。

第二种解决问题的组合方案体现在第 6 条原则中。作出评估后，意味着发现了新的问题。解决方案是第 7 和第 8 元素的混合，主角要找出并解决自身的缺陷。

最后，第三种贯穿整个线索，即有缺陷的主角。在第 2 条元素中，提出了主角缺陷的问题，这个缺陷一定在第 7 条元素中得到修补。

我们如果这样考虑，就会开始意识到为什么这是真正有力量的故事的蓝图。问题和解决方案引导着我们如何开始，通过三种组合实现问题到解决方案的动态变化。

你可能对此有自己的回应和评论，你会说，"我记得你想要的是个体的叙事？"——没错，始终是如此。只有一位主角，第 3 条提出了一个单独的问题。整个故事就是一个人物要应付一个问题。只是需要进行状况评估（对同一个问题），问题最终因为主角的缺陷被修正从而真正得到解决。

2. 有缺陷的主角

我们来考虑一下，在科学里故事线索生成器所说的有缺陷的主角是什么。人群中存在这样的趋势，他们相信科学方法是纯粹的、自动化的过程，毫无缺陷的工作者掌握着这些方法，最终会走向真理。即便无数的文章和书籍都试图对这样的信念说不，科学和科学家不是真的没有缺陷（比如我之前提到的《科学素养和科学方法的神话》），人们依然深深地感到，科学家是，或者应该是，没有缺陷的机器人。想想《星际迷航》（*Star Trek*）中的史波克，他本质上就是假想的完美科学家的化身。他总是对有缺陷的人类的基本理性感到吃惊。这些人类永远成不了他。

令人左右为难的是，故事线索生成器告诉你：公众喜爱和需要他们的英雄有缺陷。奥斯卡·辛德勒（Oskar Schindler）必须在《辛德勒的名单》（*Schindler's List*）中战胜自己的贪欲。洛奇·巴尔博（Rocky Balboa）必须在《洛奇》（*Rocky*）中战胜自己作为失败者的感受。印第安纳·琼斯（Indiana Jones）必须战胜他对蛇的恐惧……一遍又一遍，观众爱看故事中的这种抗争。

但是另一方面，如果你是科学家，你想让人们相信你的工作成果是没有缺陷的。不过，那些被称作误差棒、误差测量、置信区间的东西和各种其他信号都让科学家像是有缺陷的角色。

我知道，科学界很在乎公众的印象，很想保持公众的信赖。这是一条艰难的道路，我不想呼吁科学家急切地和公众分享自己的个人缺点。但是在实际情况下，重要的是，对于传播来说，有缺陷的主角的力量总是可以运用得更有创造性。呃，科学家实际上经常默默地这样运用，只是他们或许没有意识到。

充满力量的但有缺陷的展示

我见过很多很多优秀的科学报告。科学家讲述研究的故事，说起来就像是："我们的错误在于太心急了。每次我们获得了样品，我们都觉得需要立即把它们带回实验室。但后来有一天，我们在野外没油了，只能等待救援。一个小时之后我们决定收集第二组样品，这就是我们最终有所发现的样品……"

这就是有缺陷的主角的故事所体现的真正的意义。缺陷不会让人们对研究者的伦理或能力产生任何质疑。上面这个例子向我们说明人性有心急的倾向。但讲了这个故事，就像是说"看看我们多愚蠢"，科学家可以吸引听众来到科学的内容里。他们建立起了关联，他们自己也犯过类似的错误。

实际上，科学史上绝对算得上最伟大的故事之一的是青霉素的发现。青霉素的发现就是有缺陷的工作的偶然结果。1928年英国生物学家亚历山大·弗莱明（Alexander Fleming）纯属意外地没有盖上敞开的装有葡萄球菌的皮氏培养皿的盖子。结果这个培养皿受到活体的蓝绿色真菌的污染。他注意到，真菌附近的细菌的生长受到了限制。在这一区域，他最终提取到了最早的抗细菌成分。

即使存在这一发现，弗莱明还是在科学传播上做得特别糟糕。他无法说服任何人相信这种成分的潜在重要性。他发表了一篇晦涩难懂的论文，随后这一知识被埋藏了十多年，直到引起军方的重视，并最终在第二次世界大战中投入使用。其结果是，这个故事成为糟糕的科学传播带来的悲剧后果的典型例子。

但是正是这种被低估了的元素，恰恰是有缺陷的主角的故事叙述中的力量的来源——科学家承认偶然的错误最终带来了英雄般的发现。如果你在研究中做出过糟糕的决策，这些错误最终被现实状况纠正过来，就会获得更有价值的经验。与其说是强调犯错误的感觉，不如问问你自己，是否有可能在讲故事的过程中运用到这些部分。只要你的意图是诚实的，听众就会理解最基本的思想，即"每个人都是凡人"，科学家也不例外。

发展深刻的叙事直觉

真正的目标，是要发展出深刻的叙事直觉。你希望可以感觉出叙事中存在的问题。聆听某人的演讲，靠直觉，你的脑海中会自动提醒，你会说，"等一下，回到刚才那个地方，关于你因为心急而出现的错误。再多告诉我一些这方面的情况"。

这是关于故事如何推进的问题：看到事实，并且注意到一些元素对一位听众比其他听众吸引力更大。某些元素可能比别的更具有戏剧性的内容。太多的陈述，讲述工作怎样得出最后的结论，最终只会让人变得麻木。但是……（要用这个词）……如果你突然说，"但是后来有一天，我们做了一些不同的事……"这就是你要发挥出叙事的力量的时候了。

这些道理不总是特别明显，所以发展出叙事的直觉特别重要。如果你还没有发展出这种直觉，还不能在素材中发现最有戏剧性的部分，下面的内容将证明你会错失很多机会。

3. 作出评估

一家大型科研机构负责科学传播的人给我讲了一个故事。他们那里的一群科学家一起做出了重大发现。他们遇到了一座最近融化的冰山，之前没有人报道过它——这是新闻。

他说，在媒体办公室里的人们知道这一发现具有潜在的争议，涉及气候变化的政策，但他们决定发布这则新闻。他想继续讲述要发给媒体的新闻稿，但我打断了他。

"等一下，"我说，"刚才你说到决定发布新闻。对你们的团队来说，这是容易做出的决定吗?"

当然不是。他告诉我，媒体办公室的意见有分歧:一半的人希望发布新闻;另一半的人因为涉及与气候相关的政治问题而希望保持沉默。他们开过多次讨论会，但都很唐突，矛盾也逐渐升级。

我说，"好吧，太棒了，还有什么?"他说那天晚上，他和他的夫人也进行了讨论。她站在"不发布"那一边，与他的意见相反。他辞去工作的第二个月，他们还在为此争论。越多的细节，越是让人们觉得有趣，越有可能讲出好故事。

他告诉了我所有的这些素材，但是跳过了故事线索生成器里描述过的故事中的"作出评估"环节。他关注的都是故事中的实质性信息:冰山有多大，它的融化有什么样的意义，对我们的未来意味着什么。他觉得所有这样的事都很重要。但当这一事件来到大众面前的时候，他们更容易感受到的是情感性的内容，这正是"作出评估"能够提供的东西。只要评估是精确的，就能成为故事中的有效部分，也就能实现最佳的传播。

你希望实现这样的目标，你听某人的故事，你有直觉能感受到这些元素。不是每个故事都有着平等的地位，相同的只是故事的真实性，但有些故事的部分远远比别的部分具有更强的叙事性。你要有能力能辨认出这样的部分。

4. 最黑暗的时刻

如果你正在使用故事圈模板，如果你想讲述一个个人旅程的故事，如果你希望深入触及人本身，我发现有时候最好的开头是关注第 6 条元素，英雄遭遇危机的场景。

"最黑暗的时刻"通常是故事中最具有情感力量的部分——在那部分，主角看起来就要失败了，他或她的努力付之东流。一家研究机构雇佣我帮助他们讲述最近 30 年伟大创新的历史。故事的开头和结尾清晰而且明显。故事的开头是将这里建设为创新之地的梦想，这梦想总会遭受挑战。今天，实验室取得了巨大的成功，令人敬仰。但有意思的问题是，在开始追寻梦想之后，有没有过一次这样的阶段，看起来整个梦想都失败了？

这个例子里的答案是"有"。在看起来一切都没有回报的时候，在失败的迹象可能导致资金支持到了尾声的时候，确实存在压力。但是后来……（从这里，故事开始了。）

总是会有一些时候，所有的事看起来都不顺利，旅途看起来充满灾难。如果你想让人们真的重视今天拥有的了不起的东西，戏剧化的旅程中的压力会给他们展示，失败曾经并不遥远。这其实是高低之间的对比和起伏的概念。

实际上，所有伟大的故事都是关于高低起伏的故事。我的第一位和最有意思的叙事导师、剧作家克里斯托弗·柯恩（Christopher Keane）对此有过简洁的表述。他谈到自传体故事。他在黑板上画了一条线，上升再下降，反反复复。他说，"这就是一个人的生活的示意图——太多的起起伏伏"。然后，他擦掉了这条线的中间部分，他说："现在，这就是你想要用到故事里的素材。好的故事就是省略所有中间的转折部分，只讲述他故事中的最高点和最低点。"

更进一步地说，你往舞台上放越多的细节（故事的力量植根于细节），故事就越有力量。这就是好故事的组成部分——感知到何时该加速跳过中间部分、何时该慢下来表现戏剧和情感拉住人们的能力。这就好比棒球击球手漏过了两个慢球，然后击出了一个全垒打。这就是戏剧性。

9

结果：叙事光谱

现在我们要证明在真实世界中这些模板是如何起作用的。在这一节，我将采用叙事光谱来评估五篇已发表论文的摘要中的叙事结构。在第 10 小节，我将给出 3 个案例，过去一年科学家们用这些工具改善了他们的报告的叙事结构。最后，我的同事斯蒂芬妮·尹会利用故事线索生成器模板来分析詹姆士·沃森的科学研究中的经典著作《双螺旋》。（再次声明：就像我之前说过的那样，我很注意不要把糟糕的政见和詹姆士·沃森联系起来——我在书中引用他的作品，只是出于分析叙事结构的目的，并不表示我认可他的个人生活和职业生涯。）

分析叙事结构

我们知道，大部分科学家从来都没听说过 IMRAD 这个缩写。同样，他们可能也不会在学术论文的摘要中考虑太多叙事结构。

但是，有一些学术期刊，特别是在生物医药领域，会指导作者撰写"结构化的摘要"。2011 年，安娜·里普尔（Anna Ripple）领导一个由信息专家组成的团队，分析了这种方式的长期效果。他们发现对结构化的摘要的要求正与日俱增，1992 年只有 2.5%，到了 2005 年这个比例达到 20.3%。如前文图 1 所示，生物医药领域最近 50 年采用了 IMRAD 模板。相似的结构也出现在了结构化摘要中。他们的论文中的附图显示了这种叙事特征的扩散，如果向外推广，在 2050 年之后，结构化摘要的比例将达 100%。科学正在缓慢地发生变化。

里普尔和同事们将学术期刊所要求的不同的结构元素分为 5 类：背景、目标、方法、结果和结论。背景是并列式素材。目标是转折。方法和结果是"因此",最终共同实现结论。这一结构与黑格尔的正题、反题、合题基本相同。

现在,要表明 ABT 的力量和可用性。我将它作为工具分析内容的叙事结构,我们的分析对象就是科学论文中的摘要。2014 年 1 月,我给美国综合与比较生物学会(Society for Integrative and Comparative Biology,SICB)的年度会议做了一场演讲。他们为我免费订阅了他们的学术期刊《综合和比较生物学》(Integrative and Comparative Biology)。当我第一次在电子邮件中收到期刊(第 54 卷第 2 期)的时候,我就决定选择期刊的第一组论文——会议文集,用叙事光谱进行评估。

学术会议的主题非常好,"宿主显性的寄生控制,或如何制造僵尸"。只是为了清晰——论文本身都写得很好,而且清晰——我只分析论文的摘要部分。推动我做下去的唯一理由就是实现更好的叙事的力量。我同样可以分析整篇论文——叙事结构是你希望贯穿始终的目标。但是摘要提供了简单、短小的信息,足够我们进行分析。在此,我给出五篇论文的摘要,然后分享我对每篇摘要的叙事光谱分析的结果,最后是一些评论来支持我的观点。

摘要一

我们检查了沙蟹（*Lepidopbenedicti*）体内的寄生虫，发现唯一被普遍研究过的感染是小线虫感染。因为许多线虫有着复杂的生命周期，涉及多种宿主，通常线虫会强烈地操控它们的宿主。我们假设，线虫改变了它们的沙蟹宿主的行为。我们预言，被感染得更严重的沙蟹会比轻微感染的沙蟹在沙子上消耗更长时间。我们的数据表明，线虫感染与沙蟹在沙子上停留的时间不相关。我们也认为，沙滩上的有机体可能会受益于相对低的寄生负担，其原因是栖息地的物种多样性较低。

对摘要一的分析：DHY

摘要一直接用"因此"的语气表达，"我们检查了……"如果论文的标题展现出要研究的问题，这种直接从问题跳到解决方案的表达方式会在叙事上很有效。但这篇文章不是如此。论文的标题是对研究结果的陈述：《沙蟹被线虫感染，但不被操控》。表达的效果是，不管标题如何，叙述没有沿着步骤进行，而是立即进入其他的叙事方向。

然后第一句的第二部分给出了结果，"发现唯一……"这意味着我们现在得到了结果，但还是没有清晰的背景。第二句用"因为……"开始，这是另一个结论性的词，和 Therefore 一样。这句话的后一半是"我们假设……"后面一句用"我们预言"开头。到此为止，叙事的方向已经三番五次地反复了。这就是 DHY 结构在起作用。熟悉这个领域的读者可能阅读起来没有困难，但这个小圈子之外的人，面对这样的、不必要的复杂叙事，会有障碍。

摘要二

　　最近的研究表明，植物病毒和其他病原体经常改变宿主植物的表型，从而促进病原体通过节肢动物载体的传播。然而，许多病毒感染多个宿主，产生了关于这些病原体是否能够诱导在系统上发生分化的宿主植物产生促进病原体传播的表型，以及一个指定的宿主或植物群落的演化历史在多大程度上影响这种效应的问题。为了探讨这些问题，我们以新获得的两种黄瓜花叶病毒（CMV）——一种广泛传播的、通过蚜虫的非固定方式进行传播的多宿主植物病原体的野外分离株为研究对象，探讨这种病原体如何影响不同宿主植物的表型以及随后这些宿主植物与蚜虫载体的相互作用。之前的研究表明，一种从南瓜种植地中分离出来的分离株（KVPG$_2$-CMV）在天然宿主南瓜（*Cucurbitapepo*）中所诱导的一系列对宿主—载体相互作用的影响是有利于病毒传播的（包括降低蚜虫的宿主植物品质，蚜虫从感染植株向健康植株的快速扩散，以及类似于健康植物的挥发性混合物的高排放所带来的对蚜虫吸引力的增强）。从栽培辣椒（*Capsicumannuum*）中收集的第二种分离株（P$_1$-CMV）在其天然宿主中诱导的更多的是中性作用（没有表现出南瓜中KVPG$_2$-CMV的影响方向上的显著趋势）。当我们试图对这两种 CMV 分离株（南瓜中的 KVPG$_2$-CMV 和辣椒中的 P$_1$-CMV）进行跨宿主接种时，P$_1$-CMV 仅偶发地能感染新宿主；而 KVPG$_2$-CMV 感染新宿主辣椒的成功率低于对其天然宿主的感染，达到的病毒滴度明显低于任一病毒株系在其原始宿主中观察到的病毒滴度。此外，KVPG$_2$-CMV 能诱导新宿主的表型发生改变，并进一步影响宿主—载体相互作用，与其在天然宿主中观察到的截然不同，并且显然不适应于病毒的传播（例如在这种情况下，蚜虫宿主植物品质明显改善，蚜虫传播减少）。综上所述，这些发现提供了 CMV 适应本地宿主的证据（包括在新宿主中表现出了比天然宿主更低的传染性和复制能力）并进一步表明这些适应性可能扩展到对宿主植物介导与蚜虫载体相互作用相关性状的影响。因此，这些结果与病毒对宿主 - 载体相互作用的影响可能是适应性的这一假说是一致的，并且表明多宿主病原体在这些以及其他对宿主表型的影响方面表现出了适应性，可能尤其是在均质化的单一作物里。

对摘要二的分析：ABT

这就是 ABT 结构的力量的证明。摘要二的第一句话给出清晰的说明。第二句话开门见山，用转折性词汇"然而"开头。这句话的本质是："这些病原体是否能……？"下一句起到"因此"的作用，它用"为了探讨这些问题"开头。如果这里改成"因此"，会好得多。总的来说，这篇摘要提供了非常简洁的表达，让人容易跟上作者的方向。在这之后作者详述了研究工作（这份摘要稍显冗余了一些）。靠近结尾的地方，有一句话的开头是"并进一步"，我们能感觉到这里开始接近报告的尾声了。倒数第二句开头是"综上所述"，很明显到了结尾时间。最后一句开头是"因此，这些结果与……假说相一致"。毫无疑问，这份摘要有些冗长，如果做一些必要的删减会更加出色。但至少，它有着清晰、简单、强烈的叙事结构。

摘要三

动物有很多抵抗感染的行为。例如，它们通常会避开患病的同类，尤其是在求偶期间。大部分动物会在感染后改变自己的行为（即患病行为），从而促进痊愈。举例来说，患病的动物通常会减少消耗能量的行为，例如性行为。最后，一些动物面对生命威胁，免疫受到挑战时，会增加生育繁殖（即临终生殖投资）。所有这些行为都代表了对免疫或神经交流信号做出的可能的回应。不幸的是，这种交流渠道有可能被寄生物操控。在性传播感染（STIs）的情况中，这些寄生虫或病原体必须破坏掉一部分防御行为才能成功传播。有证据表明，STIs会抑制免疫活性的系统信号（例如致炎性细胞因子）。这一操控对抑制患病行为和其他防御性行为，与抵抗宿主的免疫系统的攻击一样重要。例如，蟋蟀（*Gryllustexensis*）被STIs感染，携带虹色病毒

IIV-6/CrIV。病毒工具免疫系统，免疫系统丧失保护免疫功能的重要蛋白质的能力。攻击也妨碍免疫系统激活患病行为的能力。甚至在受到加热灭活的挑战时，被感染的蟋蟀也不能表达出患病行为。理解 STIs 如何抑制人类和其他动物的患病行为将极大地推动心理神经免疫学，并提供有益的实践。

对摘要三的分析：AAA

摘要三就是"And，And，And"的集中体现。这是一篇综述论文，但是摘要是一长串的陈述，最后收尾是"极大地推动心理神经免疫学，并提供有益的实践"。其中完全没有叙事推进，有的只是罗列出抵抗感染的行为。我曾经说过，AAA 结构在精确表达信息方面没有错。但是却丧失了利用叙事结构达到更高、更简洁和更引人入胜的层次的机会。

摘要四

对于操纵其宿主表型的营养传播寄生生物来说，是否经历资源竞争取决于寄生生物相对于宿主的大小、感染强度、寄生生物共享抵御宿主免疫系统或操作宿主的成本的程度，以及寄生生物共享传播目标的程度。尽管，理论预测了应当观察到非密度依赖、正密度依赖和负密度依赖的不同情形，大多数研究仅记录到了营养传播寄生生物的负密度依赖性。但是，这种趋势有可能是人工副产物，因为大多数研究都集中在寄生生物相对于其宿主较大的系统里。然而，寄生生物相对于宿主较小的系统是普遍存在的，而这些营养传播寄生物并不太可能遭受资源限制。我们寻找了 *Euhaplorchiscaliforniensis* 吸虫（EUHA）和 *Renicolabuchanani* 吸虫（RENB）——两种感染野生捕捞的加利福尼亚鳉鱼 (*Fundulusparvi-pinnis*) 的操纵性吸虫类寄生生物——中的密度依赖的迹象。这两种寄生虫相对于鳉鱼较小（表明资源不受限），并且与鳉鱼依赖于寄生虫密度的行为变化和增加被寄生虫共享的终极宿主捕食几率（表明了代价共享的可能）的行为变化是相关的。我们在这两种寄生虫中都没有发现负密度依赖性，表明资源并不受限。事实上，观察到的模式表明 EUHA 可能存在较弱的正密度依赖性。虽然需要进行实验验证，但我们的研究结果表明一些行为操纵性寄生生物的尺寸并不会减小，甚至可能受益于同类群的拥挤。

对摘要四的分析：DHY

摘要四的结构采用的是标志性的"Despite，However，Yet"模板。实际上，我就是从这篇摘要中总结出了这一模板的三个缩写字母。第一句，作为开头，有 67 个词——几乎一整篇摘要用一句话表达！而且还不是简单的句式。句子本身是有条件的陈述，围绕着"寄生生物……是否……"，这已经让我们有了两种方向。第二句用"尽管"开头。第三句用"但是"开头。第四句，对，是英语没错，用了"然而"（Yet）开头。我之前说起过"过度叙事"，这篇摘要就是过度叙事的例子。读者已经在四句话之内改变了四次方向。我肯定内容是精确的，所以还不算一场灾难。但有着更简单的方法来表达这份材料。更简单，并不容易，但需要从充分了解 ABT结构开始做起。

摘要五

适应性地操控宿主行为的寄生虫，是我们在自然界能发现的最令人兴奋的适应。当寄生虫的基因成功和失败地精确回应了宿主行为的改变时，宿主的行为会变成动物体内寄生虫的病原体的延伸。演化生物学诞生于华莱士和达尔文这样的自然学者对病原体的变化的密切关注中，他们试图寻求对新物种的起源的理解。在这篇文章中，我讨论了我们也需要考虑寄生虫延伸的病原体的起源。这是比理解教科书中的脊椎动物的眼睛或马蹄的演化更困难的任务。但是，诸如种系基因组学这样的工具，提供了重要的机会，可以在理解寄生虫的病的延伸病原体方面取得巨大进展。了解寄生虫延伸病原体的起源本身就是重要的目标。但是从这里获取的知识也将帮助我们理解为什么复杂的操控如此稀少，以及识别演化的临界点驱动的表现。

对摘要五的分析：ABT（他们说，我说）

摘要五是一份议论，就像是作者已经读过并使用了格拉夫和伯肯斯坦的《他们说，我说》中的精髓。这篇摘要用两句清晰、直接的话开始，表达出"他们说"的观点。第三句没用转折词开头，但你可以感受到有转折的含义。"但是进化生物学诞生于……"你可以随后再增加一个"因此"到下一句中，变成"因此在这篇文章中，我讨论……"。"但是"和"因此"没有在句子中出现，但结构出现了，提供了三段论的形式，清晰而简单。黑格尔会感到高兴的。

我对会议文集里的全部 13 篇论文都做了这样的叙事光谱分析。它们的结果是：6 篇 ABT，6 篇 DHY，1 篇 AAA。

6 篇摘要采用了或几乎采用了 ABT 结构，表达了单一的紧张或冲突的来源，然后调转方向。这些摘要避免了无聊或让人困惑——它们容易被理解。

6 篇摘要落入了光谱的一端的过度叙事。这些文章的作者使用了多个转折词，或是在一开始就用了转折词，一开始就排列了一连串的转折，或是将 ABT 用错了顺序，所有这一切都会导致读者困惑。我必须说，对于这么多 DHY 摘要，我必须反反复复地读，才能试图理清作者在说什么。但对 ABT 结构的摘要就不存在这样的问题。

只有一篇摘要是 AAA 结构——仅仅表达了一系列的陈述，在最后才有一句总结。我感觉这 3 种结构类型的比例可能很公平地反映了现在科学论文的整体状态。半数成熟的科学家很明显地属于 ABT 结构的阵营，但还有大约一半会考虑多重叙事方向，在逻辑上跳跃。

在我给美国农业部所做的一次演讲中，我请一位科学家随机地选择他用得最多的学术期刊的一期。他给了我《系统植物学》（Systematic Botany）第 35 卷第 3 期。我把它交给我的故事圈合伙人杰德·拉维尔（Jayde Lovell），她迅速地检查了一遍全部 19 篇论文完美使用 ABT 结构的情况。她的结论是：不存在。

用 1 到 10 分来衡量，10 分表示完美的 ABT 结构，这期刊物得到了 3.8 的平均分。有 2 篇 8 分和 1 篇 9 分，所以还不能说所有的都不行。但是也有只能得 1 分的。这样的评价当然有主观的成分——有人会轻易地给出 6 分的平均分，但没有人会认为这些论文确定有着牢固的叙事结构。很明显，我们还有大量的工作要做。

我为此再讲一个小故事。一位朋友读完草稿后要求她的研究生在下次实验室会议上带两份摘要来，要求"一份好的，一份不好的"。这是她给学生的全部指示。一年级学生基本上通过内容来选择摘要——"这篇好，因为它讲述了有意思的主题；而这篇不好，因为它的主题无趣"。但是高年级学生选择的"好"的摘要具有 ABT 结构，他们选出的"坏"的样本在叙事结构上一团乱。她因此感到震撼。即便没有学过 ABT 的特定知识，高年级学生也会走向这样的方向。而年轻的科学家理所当然能够做得更好。我希望，利用这本书的术语和细节，他们可以建立起牢固的叙事直觉，然后学会有效地使用这样的直觉。那样你才会收获真正的叙事的力量。

10

结果：四个案例

那么叙事工具管用吗？好问题。我曾经也担心过这一点，但我现在的答案是，有用。我们在这里给出四个案例研究。前两个案例与和我合作过的一群科学家有关，他们将这些叙事工具用于实际工作。第三个案例描述了我过去的工作坊参与者在学到这些工具之后获得的成功。最后一个案例中，我的同事斯蒂芬妮·尹采用故事线索生成器模板分析了詹姆士·沃森的科学研究的经典作品《双螺旋》。

我们遇到的挑战是每个案例都有所不同。案例研究不像是用 WSP 元素简单地实现目标。在某些案例中，只有一到两项元素有用。但事实是，你越是应用它们进行工作，这些工具就越可能从你的大脑记忆转变为肌肉记忆，你将具有叙事直觉，了解到为什么某些东西失效了，并且明白如何进行补救。当然，在最后，我们会获得所有问题的答案。

案例一：海平面上升讨论

作为开始，我想讲一讲如何在海平面上升的讨论中应用叙事工具。在那两位科学家和我迅速地弥合了我们之间的分歧之后，我们同意用三个核心词汇来描述我们的素材，我们把开始的题目《如何应对海平面上升》替换为更有意思的《海平面上升：新的，确定的，无处不在的》。这样就更加有力、具体、容易记住，甚至会让人联想起汤姆·弗里德曼（Tom Friedman）的畅销书《世界是平的》（*Hot, Flat and Crowded*）或者贾雷德·戴蒙德（Jared Diamond）的《枪炮、病菌与钢铁》（*Guns, Germs and Steel*）。

一旦我们有了这三个核心词汇，我们就可以为每个词构造 ABT 结构。在我们的第一次会议中，我们是这样表达的：

> 新的：过去 8000 年来海平面一直保持在稳定状态 And 人类文明就这样建立在海岸边缘上，But 过去 150 年海平面急速上升，Therefore 现在是时候重新调整沿海区域的规划了。

> 确定的：海平面上升是人类活动（大气变化）的结果 And 我们真的需要削减温室气体的排放，以最终从源头上阻止海平面上升，But 现在事情已经无法挽回，这意味着即便一些有影响力的人声称我们仍然能遏止海平面的上升，也无济于事——我们确定，无论我们做什么，海平面上升都会发生，Therefore 在我们继续平静接受的同时，也必须对此适应。

> 无处不在的：海平面上升对不同地域都有着重大影响，比如密克罗尼西亚 And 地中海，But 它不只发生在那些遥远的地方——它正发生在这个行星的每一个地方，在某些地方甚至波及离海岸 100 英里外的内陆地区，Therefore 我们必须令公众意识到这不只是某些人需要关心的问题——海平面上升最终会影响所有人和所有地方。

一旦我们形成三个故事的基本结构，接下来我们就可以开始处理细节层面的东西，当然还是利用 ABT 结构。你可以称它们为"嵌套 ABT"。

举例来说，"无处不在"所用的 ABT 结构的一开始就会提到密克罗尼西亚的故事。我们用 ABT 讲述这个故事："海平面上升已经波及了整个密克罗尼西亚 And 面包树是重要的传统农作物，But 现在水面正在上涨并威胁到面包树，Therefore 农户被强迫将农作物挪到地势更高的地方。"

随着时间的推进，我们完成了一系列的嵌套 ABT 故事。作为整个展示的开场白，我从两位科学家之前的演讲中选取了两个精彩的故事片段，我把它们整合为一个单独的叙事，作为整个活动的基调。

在第一个故事中，科学家提到，卡特琳娜飓风过后，前美国参议员玛丽·兰德鲁（Mary Landrieu）告诉她所在州的居民她将访问荷兰，那个国家找到了一种办法，即便全国没入水下也能安全地生活。在科学家演讲的另一部分，他引用了荷兰大使 2012 年的演讲："我们最终会意识到，我们不能总是对抗海洋。"

这两个片段可以合并成很棒的 ABT 结构。大概是这样："参议员说我们将迎战海洋 And 她说她会去荷兰，那里的人们找到了对抗海洋的办法，But 荷兰大使说我们要接受我们不能总是对抗海洋的事实，Therefore 我们今天相聚在这里讨论上升的海洋带来的窘境。"这是完美的开场白，它铺垫了讨论会的主题是"你不能总是对抗海洋"。（借用杜布赞斯基模板——"如果不从不再对抗海洋的角度思考问题，海平面上升的问题将完全无法理解"，这就是你要传达的信息。）

我们就这样举办了这次讨论活动，它出奇地成功。我们三个人轮番对着坐满报告厅的 1000 人讲故事。在结束的时候，会议的组织者南加州海水研究项目的史蒂夫·魏斯伯格（Steve Weisberg）说，他在职业生涯中组织或参加过几十次这样的讨论，但是这一场是迄今为止最棒的，而且他感觉比别的讨论有着更高的水平（感谢叙事的力量）。

赞美的声音涌过来了。四个月之后，在另一次会议上，五个人对我说感谢我的讨论会，他们说从来没有见过像那样的讨论。最好的赞美是，我写的一篇通讯在会议结束一个月之后发表在《科学》杂志上。但是，让我告诉你最应该学到的是什么。

付出必有回报

在活动的前一天晚上，我和那两位科学家一起吃晚饭。他们都有些不安，不确定我们是否能达到预期的效果。他们对我保证，无论发生什么，都很高兴有机会尝试一些新东西。但更重要的是，他们两位都坦白，他们从来都没有对一次演讲付出过如此巨大的时间和精力。

在会议开始前的六个星期里，我们进行了四次电话会议，大量的一对一的电话沟通，用数不清的电子邮件进行交流。这的确算是很大的工作量，这些工作量揭示了一个问题：不只是用简单的AAA结构的展示，而是希望用ABT结构真正地吸引、激励、鼓舞一位听众从头到尾跟随你的步伐，这对你来说有多重要？

这是一个严肃的问题，在过去，这个问题的答案很不幸地通常是："我们不觉得这值得花时间和精力。"但在今天，当科学家们发现了叙事的力量和重要性，越来越多的答案是："是的，让我们这么干吧。"你必须明白，这不能一蹴而就，也并不轻松。要有所得，就要有所付出。

就连最好的演讲者也需要叙事的帮助

另外，借助于叙事结构的帮助既不奇怪，也不有

第三章 反题

失身份。那两位参加海平面上升问题讨论的科学家都是他们所在领域最值得尊敬的专家，他们也需要叙事结构的帮助。在某些时候，每个人都需要这样的帮助（你应该已经看到过杰瑞·格拉夫给予我指导之前的本书一开始的部分）。每个人，包括史蒂文·斯皮尔伯格（Steven Spielberg），尤其包括朗·霍华德（Ron Howard）和布莱恩·格雷泽尔（Brian Grazer），他们是电影《阿波罗13号》幕后的导演和制片团队。本书标题的灵感就源于这部电影[1]。我参加过一场有关海洋对话的宴会，导演和制片人在宴会上鼓励那些为拯救海洋所做出的努力。在联合演讲中，他们说到第一次在夏威夷戴水肺潜水，但极其艰难，极其笨拙，极其愚蠢，行走极为缓慢，全都是可想象的"AndAndAnd"的叙述。我坐在那里处于震惊中，"他们不是好莱坞最厉害的讲故事者吗？"这个例子告诉我们原来每个人都需要叙事结构的帮助。

在海平面上升讨论会的案例中，两位科学家都不需要任何演讲和展示技巧的帮助。他们都是经验丰富、充满魅力、功成名就的演讲者。他们中的一位有很棒的幽默细胞，另一位用激情澎湃的演讲拉近与听众的距离。

[1] 本书英文版标题直译为《休斯顿，我们有故事了》（Houston, We Have a Narrative），源于电影中的经典台词——"休斯顿，我们有麻烦了"。

211

整个过程我都很惊讶，他们都不需要我训练他们如何与听众进行目光交流，也不需要训练仪态。他们早就特别了解这一切了。他们需要的唯一帮助是每个人都需要的帮助——一遍又一遍地处理信息，寻找优化的结构。就像拼图游戏中的体验一样，往往有着令人挫败的开始，以及收获巨大的尾声，前提是你愿意花时间去解决结构问题。

第四种声音

在海平面上升讨论会中还有另一种非常棒的元素：我们用 ABT 提供了展示中的第四种声音——听众的声音。在会议开始的一个月之前，我请组织者向参与者们发出了一份邀请，"请发给我们关于海平面上升的你的 ABT 观点"。邀请发往全国，科学家们在我们简单的指导下，发给我们一句话的 ABT 表达来陈述他们自己的世界中的具体故事。

ABT 的力量让这样的实践更有效。假如我们说，"发给我们一句话"，我们可能会收到各种各样缺乏结构的、杂乱的材料。回想起我曾经让人们描述一幅画的故事，如果没有叙事结构的引导，他们会思考 30 秒。但用上ABT，他们会产生一句清晰而简明的句子，所用的时间还不到原来的一半。

人们需要引导和结构。不用太多，只需一点儿 ABT 所提供的引导和结构就好了。只有这样我们的要求才能立竿见影。在我们三个人轮流讲述的故事的最后，我们展示了三条听众提交的 ABT。我们给演讲增加了第四种声音，也提供了这一主题的更多的具体细节。

案例二：美国科学促进会莱默逊创新大使

我在一开始说过，我开发的这些工具大部分都是新东西，所以我也还在学习如何让它们更有效果。在 2014 年的一个项目中我对这些工具做了测验，令我惊讶的是，它们的效果超乎预料的好。（嘿，我过去是科学家，我还是有怀疑精神的。）

那年夏天，美国科学促进会的一群人，在他们的教育主任、我的好友雪莉·马尔康（Shirley Malcon）的鼓动下，请我协助他们完成一个新项目。他们发起的这一项目名为创新大使，由莱默逊（Lemelson）基金会提供资金支持。他们已经决定，每年选拔 6 名科学家或发明家，作为一个团队一起工作，以促进创新在科学研究中的重要角色。

他们计划带领这一团队进驻位于华盛顿的科学促进会总部，为期三天。在第一天，我要听取他们 12 分钟的报告，给出建议和修改意见。第二天，他们会面向 200 名听众做一次修改完善后的报告，听众包括管理者、项目官员、风险投资商、政治家和其他感兴趣的首都精英们。在第三天，我们要观看他们的报告和讨论的视频。

好吧，现在，你已经听过了我在海平面上升讨论会上的发言。你能猜到吗，他们的计划有什么问题？还记得那两位科学家态度的软化吗？还记得我意识到这样的报告有多么个性化吗？还记得我们花了六个星期打破旧有的结构，然后重新梳理内容吗？

现在考虑一下情况，周一才了解到主题和内容，接下来的一天就要做出修改。所以结果只能是两种情况之一——要么是情绪化的大对抗，要么就不能做太大的修改。对于演讲者来说，盲目地采纳我的意见也有着很大的风险。修改他们的演讲结构，然后展示某些他们不知道为什么要改变的东西，他们只知道这是你要求改的——当事情真的这样发展并走向失败的时候，你就会遭到千夫所指。这些事要做好，需要花时间，大量的时间。

所以，作为组织者，我们在活动开始的两周前要进行电话会议。我遭到了拒绝，但是我坚持要获得发明家们的联系方式。第二天，我给六位参与者打了一连串的电话，告诉他们开始对报告结构进行修改的艰苦的工作流程。但这也是一次很精彩的合作体验。

我首先发现的是，我曾经的剧本指导老师弗兰克·丹尼尔（Frank Daniel）绝对是正确的。还记得他对我们最初的草稿的结构的评论吗？"然后，然后，然后"，足够了，每个要去华盛顿的人都用着这样的结构——基本上他们的内容都是，"我在这里和这里接受教育，然后我在这里做了博士后，然后我开始在这里工作，然后我发现了这个，然后我获得了一项专利，然后我发起成立了一家公司，然后……"

这些素材没有错——对于初稿来说很不错。然后，我们有得干了。

《别做那样的科学家》这本书要传达的核心信息是"唤起和满足"，我是在 1998 年从南加州大学传播学教授汤姆·霍尔翰（Tom Hollhan）那里第一次听到这五个字的箴言。他说这是大众传播的经典原则，当你接触广泛的听众的时候，简单说来重要的是两件事："首先你需要唤起听众的兴趣，然后你需要满足他们的期待。"

　　这就是我给创新大使展示活动定下的第一条结构化
原则。在每位参与者深入他们的发现和他们取得的专利
的细节之前，让我们先用故事唤起听众的兴趣。

　　接下来，考虑"植根于具体细节的叙事的力量"。
细节最丰富的故事（即最有力量的故事）怎样讲述创新
的过程呢？这项研究是五年的计划还是五周、五小时
的？不。这只能是创新的那一瞬间的故事——尽可能
小，尽可能有限。要通过这个瞬间把一切都体现出来。

　　我已经见识过这种技巧的力量。我的好友玛吉·卡
里（Maggie Cary）在给梅奥诊所传播技巧训练。她给我
讲了她和那里的医生们进行的精彩的练习。她请医生们
讲述职业生涯中的一个瞬间，这个瞬间让你感觉到你过
去全部的职业训练都集中体现出来。在我们给医药学会
开展的工作坊中，我和我的同事给那里的医生们再做了
这项练习，结果令人震惊。他们讲述的故事通常是急诊
室里的传奇。一位医生讲到他的某个瞬间，在那一刻他
发现面对头部创伤的幸存者，他根本来不及研究，他必
须简单地依靠自己过去的职业训练，独自找到问题的答
案，他不知道自己是否能够解决问题。

　　对于每位创新大使的参与者来说，我都首先请他们
讲述自己的一天的故事、一个小时的故事、一个瞬间的

故事，在其中要能感觉到自己过去经历的一切的积累。最初的回应是预料之中的。每个人都说着差不多一样的内容："没有这样的一天或一瞬间，我们的发现靠的是年复一年的缓慢积累。"

出现这样的回应，意味着你开始深入挖掘人们内在的故事了——人们倾向于泛化这些故事。我在拍摄纪录片的时候每次都能见到这样的情况。一开始，总是想用这样泛化的方式来回答问题。采访如果希望挖得更深、超越泛化，就要面对这个挑战。我就是从这里开始和每位参与者开展工作的。

在进行了一段时间之后我有一点儿疯狂。我就像心理治疗师一样，试图让对方的记忆重现。我和史蒂夫·萨松（Steve Sasson）的体验就是最好的例子。他发明了数码照相。没错，1975年他在柯达工作，他是最早用电器捕捉图像的人。我一开始希望他讲述关于他的发现的一个瞬间的故事。他做出了上面提到的标准回答，他说发现是一个缓慢的过程。之后，我开始对他施加压力（对，我知道，我可讨厌了）。

慢慢地，慢慢地，一点一点，他就像是在治疗师的办公室里，他开始吐露："哦，等一下，我觉得……"他开始置身于回忆——他记得那是1975年——一个秋

天——其实是 12 月——其实是……等一下，他从书架
上拉出一本杂志，"对，就是它——准确日期是 1975 年
12 月 12 日，那天我的助手吉姆和我最终完成了原型的
开发"。

他讲出怎样和吉姆推动一辆装着设备的大车步入接
待大厅。他们让接待员乔伊站在墙边，然后按下一个开
关，把车推回实验室。在那里的显示器上，出现的是一
幅图像。图像很模糊，他们犯了一个程序上的错误——
所有的像素都颠倒了，所以显示出一张反转图像——但
他们能看到图像上的就是乔伊。这的确是我正在寻找的
那种瞬间。

他说，实验室的门开了，乔伊走进来，看到屏幕上
模糊的图像说，"还差得远呢！"然后离开了。

就是这样。一个精彩的、完美的故事会唤醒报告厅
里的每一个人，点燃他们心中的兴趣之火，打开一扇门，
通往方程的另一边，即"满足"，在那里他们急切地想了
解你提供的信息（而不是因为信息过剩而想逃离）。

我们看一看讲故事的力量来源于何处。这力量的来
源不是第一台数码相机原型制造的信息细节，而是看到
你一张图像时的情感内容，然后是科学之外的人对科学
家眼中的美丽的对象进行批评而产生的幽默感。

揭开每位创新大使的创新"瞬间"是我帮助他们改进讲述的第一步。之后，我们的第二步会更强有力。

绕了一大圈又回到讨厌的表演老师了

如果你看过《别做那样的科学家》这本书的开篇，你会看到一幅不雅的照片，照片上是我怪异的表演老师在她第一节晚间课堂上的尖叫。我意识到，多年以来，她是我认识的最好的、最有效率的老师（不过我不能下"定论"，因为 1996 年我上完她的课后就再也没有和她说过话）。

在漫长的一对一对话持续两周之后，"创新大使"们周一下午在我们的第一次正式研讨会上露面了。我已经不是第一次接触他们要讲述的内容了，所以我有机会听到他们用我们一起讨论过的基本线索将原始素材合并起来，在我的指导下使用叙事结构的过程。

我们把每个故事过了一遍。我通宵为他们整理细致的笔记，为了迎接第二天下午 3 点的正式报告，在午饭之前，我们利用整个上午对展示做了重新修订。他们完成修订的报告的时候，我整理好了最终的笔记。但是这一次，我一开始就提出了警告并表达了歉意，我必须说现在才开始合作这样的工作可能太晚了。而且更重要的是，他们不应该在任何自己并不愿意接受的地方做出改变。从本质上说，所有的展示都应该发自他们的内心。

但是，出大事了。我遇到了我自己的"那个瞬间"。我发现我给每位演讲者做的笔记都大同小异，这把我带回了近20年前的表演课上。那条笔记是："告诉我们你发生了什么已经足够了，我们想知道你的内在发生了什么。"某种程度上说，这条笔记等同于"信息足够多了，我们想要的是情感"。

我开始对他们施加压力，要求他们对听众分享关键的研究瞬间中的情感体验。比如说，当你告诉我们你最终在屏幕上看到第一朵云彩的像素的时候，你告诉我们"你的内心独白"，这就相当于是在告诉我们你的内在发生了什么。例如，告诉我们你的父母是怎样总是希望你实现伟大的成就——关于"那一瞬间我最终实现了他们的希望和梦想"。

在听完发明"纳米刷"并获得专利的维诺德·维都（Vinod Veedu）给我们讲述他的职业生涯中的所有"然后，再然后"的细节之后，我请他讲一讲这一切的起点，他在印度长大的时候，他的内心发生了什么。他说他所有的朋友都进入了IT行业，整日在写字间里接电话。他对那样的生活感到厌倦，他对自己发誓永远也不要过上那样的日子。

他最终来到美国获得了博士学位，但毕业之后很久才发现自己从事着极其无聊的工作——刻画纳米纤维的表面。但之后有一天（故事开始了！），他找到了某种东西——一种看起来像是刷子的微观结构。他决定在电子显微镜扫描下一窥究竟。他的同事觉得他在浪费时间，但他察觉到了一些不同凡响的东西。他看着显微镜的显示，调整焦距，在某个结构上放大，在那里，他看见了美丽的目标——一种极其微小的刷子型的结构，他将其命名为"纳米刷"。

就在此处，我给予他的笔记和其他人一样，我希望他讲述内心的独白。我要求他在报告中停下来，甚至转向听众，描述这一切对他来说意味着什么。让我们回到他的童年——回到他对无聊生活的恐惧——回到他对这样的生活进行的长期的对抗——然后告诉我们，他在那一瞬间究竟感受到了什么。

这就像是听众真正在搜寻的传播黄金点。如果他能真实地给他们传达这些，他们会跟着他的思维走——这样的好处是，在接下来的几分钟里，听众会紧密地跟着他，聆听他关于纳米刷怎样形成、为什么有价值、如何为它们申请专利等专业而科学的内容。他们会感兴趣，因为他从情感上打动了他们。即便他们不完全理解全部的科学，他们也依然会尽量去听。

一沙一世界，刹那即永恒

但是我说过，这也是我自己的一个"瞬间"。它让我回到了 1996 年 8 月那个命中注定的夜晚。当时，我在好莱坞上第一次表演课，那天晚上表演课老师脱口而出向我骂出一大堆脏话——我们最初见面的晚上她就对我愤怒相向。那次经历对我来说充满困扰，经过十多年的时间我才完全厘清。

那晚，我的表演搭档在练习的中间侮辱我。表演老师拦住我们，气鼓鼓地对着我的脸喊（此处略去所有的脏字）："你有什么感觉？"

我耸了耸肩，用一种完全是理性的、没有情感的、漠然的科学家的口吻说："我不知道，这不是什么了不起的大事。"

这时她一下子炸了。她尖叫道："在这门课上，你可以疯狂，你可以悲伤，你可以高兴，但你唯一不能做的事就是没有情感——没有人想听一个没有情感的人说话！！！"

就是那一瞬间，改变了我的生活。现在，20 年后，同样的瞬间又来了。一道光芒照在我的头上。当我给创新大使们写下相同的笔记的时候，那个可怕的女人的灵魂正站在我面前徘徊——不要成为一个没有人性的机器。请给我们分享一些不仅仅是冰冷、客观的东西，请给我们一些触及我们内在的、打动我们情感的东西。

猜猜后来发生了什么？他们没有听我的吗？他们抗议或是无视我说的话吗？他们拒绝了我的建议吗？不。他们采纳了我的全部笔记，然后把它们吸收到了自己的报告中。

在他们进行最后的正式报告的三个小时里，我坐在剧场的后排，基本上是在震惊和肃穆中聆听，最后一刻泪水从我的眼中涌出。还记得我在本书第二部分提到的科学家不听的事吗？还记得对《别做那样的科学家》的评论者在《科学》杂志上说的话吗？我会在本书快结束的时候回顾这些，我会讲述怎样成为完美的科学家。

案例三：富特的笔记

ABT 经常会带来即时的效果。很多人看一眼就可以在几分钟内将 ABT 派上用场。我在普林斯顿大学作了一次演讲，在问答环节一位研究生首先说："我按照你说的把论文的每一章都写成了 ABT 结构。我真希望三年前就学到这些——这些工具帮了大忙了。"

还有非常多的应用成功的例子。接下来这个例子来自我收到的电子邮件。有人利用 ABT 努力改善自己的传播工作，取得了预期的成果。

里斯·富特（Liz Foote）是 SEA 连线项目的执行主任，她致力于建立海洋保护区，来保护夏威夷岛屿上的海洋栖息地。2014 年的春天，她在火奴鲁鲁的海洋科学会议上作了一次大型的演讲，之后她给我写了邮件。

她讲到如何运用 ABT 来组织演讲的细节。她说："我的演讲本质上说，包括了一组小型的 ABT 结构。大部分通过照片讲述，我只用很少的文字。令我惊讶的是，我实际上很享受组织演讲内容的过程。我敢说，我很兴奋地有机会利用这些方法，而不再像过去那样把写 PPT 当作苦差事。"

她继续说："我也做了某些我过去通常不会在演讲之前做的事——我练习了很多遍。我感到，我自发地想要去练习，我想要熟悉掌握内容，使我能把主要精力用在吸引听众上，从而展示一些个性，而不仅仅是试着完成而已。重新编排的结构用了 ABT，让内容更容易被记得住，所以我能相信当时的演讲听起来很人性化，而不是无脑的机器人依靠指令行事。"

最后的评论真的非常重要——重新编排的结构让内容更容易被记得住。这就是 ABT 的循环。你的大脑被编程为可以用这样的方式进行思考、辩论、探究原因和记忆。一旦你启用了 ABT 结构，人们不仅更容易跟上你的观点，也更容易记住它。

她补充道："我想对你说谢谢，因为你的一场 15 分钟的演讲启发了我，让我从过去标准的一堆事实陈述，转变为可以在任何时间开展一场引人入胜的报告。"

她的决定性改变是她所做的《悲伤的基努》（Sad Keanu）演讲。她讲述了毛里的海洋保护区的标志缺乏良好的设计，她在其中展示了一幅基努·里维斯（Keanu Reeves）看起来悲伤的照片。（为什么是"悲伤的基努"？读者可以自行搜索。）在她给我的邮件的末尾，她说："我的《悲伤的基努》幻灯片甚至收获了好多人的笑声，这是对我演讲的奖赏，我听得很清楚，那些笑声充满鼓励，不是尴尬的敷衍。"

你还能再要求些什么呢？当你做到了《悲伤的基努》演讲这样的效果的时候，你就真的实现了你的传播潜力。

案例四：詹姆士·沃森和英雄之旅

迄今为止我读过的最好的描述真实科学的书籍就是詹姆士·沃森的《双螺旋》。我早在读本科的时候就读过这本书，但现在仍然记得其中鲜活的部分细节，尤其是对沃森和克里克与其他实验室竞争 DNA 结构的发现的刻画。能对一个鲜活的故事记忆很多年，几乎算得上是优秀叙事结构的标志。

实际上，在《别做那样的科学家》一书中，在有关讲故事那一章的结尾，我复述了尼尔·德格拉斯·泰森（Neil Degrasse Tyson）2008 年在好莱坞的一次活动中讲述的精彩故事。那是关于他第一次看电影《泰坦尼克号》的经历。他的故事有着完美的叙事结构——一个传奇的诞生（他观看并爱上了这部影片）、死亡（他看到在船沉没的场景中他们在天上用了错误的星座特效）、然后重生（导演最终修正了电影并且感谢了他）。

一年之后我在一次工作坊的开头讲了这个故事。在第三天和最后一天，我问是否有人还记得这个故事。每个人都举了手，而且我叫起来的一个人可以完美地重复那个故事。这些都意味着，采用完美的叙事结构的效果人们可以丝毫不差地接受故事，然后准确地记住它。这再一次证明了叙事的力量和重要性。

　　《双螺旋》击中了我，任何时候，我都能说我有多么喜欢沃森的书，而且我可以讲出它的内容（我读过数不清的科学书籍，但我几乎不能告诉你那些书的主旨是什么），《双螺旋》就是一场英雄之旅。

　　要探索这一点，我邀请杰出的斯蒂芬妮·尹（我在前面提到过她，她毕业于布朗大学，在前往新闻学院读研究生之前和我一起工作过一年）读了这本书，然后看一看是否能匹配英雄之旅的模板。结果是，它在很大程度上非常匹配。

　　以下是她写的文章，我发表在了我的博客上：

分子生物学家的旅程：打破双螺旋

作者：斯蒂芬妮·尹

　　阅读《双螺旋》，我震撼于沃森的言辞中直率的本性。他很快成了我熟悉的人，也因此让这本书的阅读过程充满乐趣，就如同我在读着好朋友的来信。沃森完全算得上是一位有缺陷的主角：他年轻、鲁莽、急于出人头地，深受周围有着良好教育背景的欧洲名流世界的诱惑。他的缺陷促使他经历了英雄之旅。以下是这场旅途的总结，我们使用故事线索生成器的语言来描述。

平凡世界里的有缺陷的主角

在平凡的世界里，詹姆士·沃森是芝加哥大学的年轻学者，主要兴趣是研究鸟类，他因为急切地渴求成名而寻找职业的捷径（比如说，他回避了所有高阶的化学、物理或数学课程）。

他在鸟类研究中感受不到成就感，所以开始对基因的作用机制感到好奇。他开始在印第安纳大学读研究生，师从微生物学家萨尔瓦多·卢瑞亚（Salvador Luria）。这一阶段，虽然他对研究 DNA 充满兴趣，但仍然希望能避免深入学习化学。

灾难性的事件发生了

1951 年春天，沃森的生活彻底被颠覆了。他当时去那不勒斯参加学术会议，听了一场关于 DNA 的 X 射线衍射的报告。报告人是国王学院的物理学家和分子生物学家莫里斯·威尔金斯（Maurice WIlkins）。这时候沃森意识到，学术界的这些会议，就像时尚界，是进入社交场所的必经之路。他写道，"一个重要的事实慢慢进入我的脑海：科学家的社交生活可能和才智一样有意思。"

评估之后，英雄采取行动

在评估之后，沃森决定要学习化学，想要解决 DNA 的结构问题。他决定去剑桥大学学习 X 射线晶体学。在那里，他遇见弗朗西斯·克里克并与之保持亲密的关系。克里克也对 DNA 有兴趣。沃森写道："从我来到实验室的第一天开始，我就知道我不会远离剑桥了。离开是愚蠢的，尤其是我很快发现和弗朗西斯·克里克聊天的乐趣。在马克斯·佩鲁茨（Max Perutz）的实验室里找到某个知道 DNA 比蛋白质更重要的人，真是太幸运了……我们的午餐对话很快就充满了各种基因的话题。"

沃森和克里克一起致力于用 X 射线成像结合建模方法找到 DNA 的结构。建模是生物化学家莱纳斯·鲍林（Linus Pauling）最近用来理解蛋白质的方法。"在我到那里几天之内，我们就知道要怎么做了：效仿莱纳斯·鲍林的方法，打败他，"沃森写道，"现在，整个实验室都想和我讨论基因，弗朗西斯不再把他关于 DNA 的想法藏在心里……没人会介意每周花上一个小时聊一聊 DNA。他精彩地帮我解决了重要的问题。"

危机出现

过了一段时间，沃森和克里克觉得他们在无意中取得了一些突破。他们相信 DNA 是一种三链螺旋，靠镁离子结合了磷酸基。但是，同时在研究 DNA 的莫里斯·威尔金斯和罗莎林·富兰克林（Rosalind Franklin）应沃森和克里克的邀请访问剑桥，他们很快发现了这种三链理论中存在的漏洞。他们的理论被彻底驳倒，沃森和克里克的能力遭受质疑，他们的上级命令他们不要在 DNA 的研究上花时间了。"当时我们都不愿意看见我们的模型。它完全失去了吸引力，粗糙赶制的磷原子没有丝毫迹象显示它们能接近真相，"沃森写道，"马克斯做了决定，让弗朗西斯和我必须放弃 DNA。"

英雄必须学到教训，阻止反派，实现目标

为了先于竞争者（莫里斯·威尔金斯，罗莎林·富兰克林和莱纳斯·鲍林）找到 DNA 的结构，沃森必须学会利用他的时间，深入地学习化学和数

学，抵抗想要走捷径直达结论的冲动。有那么一段时间，沃森和克里克在朝着主要的研究方向前进的同时（沃森在从事烟草花叶病毒的结构研究），偷偷进行 DNA 的研究。

在这期间，沃森花了大量时间通过学术期刊和有关主题的研讨会报告学习化学。"我不舍寒暑地学习更多的理论化学知识或翻阅期刊，希望找到被遗忘的 DNA 的线索，"他写道，"我翻看最频繁的书是弗朗西斯复印的《化学键的性质》（*The Nature of the Chemical Bond*）一书。每当弗朗西斯需要查询一个关键的化学键的长度的时候，就会越来越多地发现书在约翰·甘诺（John Kendrew）提供给我做实验用的工作台上。"沃森锻炼自己的 X 射线成像技术，到深夜还念念不忘 DNA，然后继续查阅参考书，和同事们讨论确认他在化学上是否正确。

当时，他和克里克再次相信他们已经破解了 DNA 的结构（当然，这一次他们做到了），在披露新闻之前，他们吸取了上次威尔金斯和弗朗西斯带给他们的教训，他们警觉地检查了他们的假设，获取了精确的坐标。"在所有原子的精确坐标获得之前，将一切保密。因为太容易成功捏造一条原子链了，所以当每件事都看起来还不错的时候，整体上也很有可能不对，"沃森写道。"因此接下来的几天里，我们用铅垂线和测量棒获得了单个核苷酸中所有原子的相对位置。"

在这本书的最后，沃森和克里克已经成功地预言了DNA结构。看上去沃森已经是成熟的科学家了（他深刻掌握了化学和数学，又具有耐心和克制），同时人也成熟了（他可能不再追求名望和社会精英的名号）。

他在巴黎写完这本书，当时正和他的妹妹在旅途中。在《双螺旋》的最后一句，他写道："现在我独自一人，看着圣日耳曼德佩区附近的长发姑娘们，深知她们不适合我。我25岁了，已经过了标新立异的年纪。"写完这句话，我们的英雄翻篇开始了他新的旅程。

就是这样——《双螺旋》，一个英雄之旅的叙事力量的案例研究。感谢斯蒂芬妮·尹将其拆解为非常有效的片段。

有人可能会认为，沃森著作的流行要归结为内容的强悍，意思是说，在生物学的历史上做出最重要的发现是个有趣的故事，怎样讲述这个故事已经不再重要。但是他们暴露了对约瑟夫·坎贝尔的作品的力量的无知。在某些缺乏叙事上的老练的人手里，有意思的故事也有可能被讲述成 AAA 结构，就像很多科学研究的传奇遭遇的一样。

沃森是不同的，他有叙事直觉，而我呼吁所有的科学家都应该发展这项能力。沃森的书有着叙事的力量，斯蒂芬·杰伊·古尔德 25 年来在《博物学》（Natural History）杂志每月专栏上的文章也有着叙事的力量。这就是叙事的直觉。

给当今疯狂的孩子们的最后的留言

在我们结束"反题"并进入"合题"部分之前，我要在这里写下最后的留言。这些话有关孩子们。他们比成年人更愿意听故事。他们在故事的世界里过自己的生活。他们用情感内容替代当今社会信息的浪潮。他们不太挑剔，对满篇充斥"And"的故事心态很开放。

两年前国家工程学院赞助我给 12 名 6 ~ 9 年级的"超级明星"做工作坊的时候，我发现了这一点。他们是从被称为迪斯尼大师计划的国家级竞赛中选拔出来的。

项目要求我用一个小时的时间帮助他们打磨他们个人项目的报告展示。

作为训练他们的一部分，我利用故事线索生成器模板，让他们在一页纸上根据自己的项目填出9个空格。我发下去材料，然后回到最前排向大家解释。但是令我惊讶的是，我还没说话，他们中已经有人完成了表格的一半。

在他们刚见到表格的时候，我就听到他们发出的评论声"呀，这个好玩"。当他们看到"主角"这个词的时候，立即知道这是来源于故事世界的元素，就类似于他们整天脑子里想的那些超级英雄的传奇。

与此形成鲜明对比的是，我在给成人做的工作坊里就不是这样。你会听到成人发出很多声音："哼?""这是什么?""这和我有什么关系?"气氛通常会略显焦虑和紧张。

那些孩子说的是"呀，这个好玩"。这样的体验我在很多孩子身上见到过。当你考虑你故事元素的时候，这一点值得记在心里。如果你还是一个孩子，有时候讲故事会显得容易得多。我们身上发生了什么？我们怎么才能回到过去?

看看我们人类发展早期的历史，这种现象几乎就是再现。那么，说到这里，在我打开充满演化生物学虫子的大罐子之前，让我们进入合题的部分。

第四章

合 题

科学现在面临着科学研究（假阳性和对阴性结果的偏见）和科学传播（最好的是传达无聊的展示，最糟糕的是刺激了反科学的情绪）两方面的问题。潜在的原因都是缺乏叙事直觉。现在，是时候超越对好莱坞的恐惧，超越对讲故事的恐惧，是时候改善科学世界的叙事直觉了。

ABT —— 永远尝试新事物

在海平面上升讨论会之前的晚宴上，那两位科学家和我一边笑着一边推测我们的演讲会糟糕到什么程度。已经没有时间再做修改了，而且所有的内容都已经锁定在文件里，一切都不能再变了。尽管如此，我们举杯庆祝我们尝试了一些不同的东西。

对于我来说最重要的是，整个经历是合作上的成功。这一成功可能仅仅是因为科学家们卸掉了一点儿防卫，转而相信我，而不介意我的生活已经遭到好莱坞的污染。他们超越了自己的恐惧。他们的直觉告诉他们，我知道我正在做什么。我想在合题部分讲述的不光是这本书的主题，还有我 25 年来从学术界到好莱坞的旅途，有关难以捉摸的人性中的恐惧和直觉。

我放弃了终身教职。为了避免你不理解终身教职的意思，我要解释一下。这是一个有保证的教授职位，供职于某个研究机构，福利甚至包括退休后的全部的医疗保险和养老金。这是学者追求的黄金圣杯——最成功的教授们的最高成就。

　　我辞去海洋生物学领域的终身教职 20 多年了，到目前为止人们问我最多的问题是，"放弃了有保障的终身职位你不会害怕吗？"他们和学术圈子的关系越是密切，就越觉得震惊、不可思议、难以想象，越觉得我这么做是违反逻辑的。他们问："为什么会有人辛辛苦苦地工作，克服重重苦难实现如此成就，获得终身的保障，却又在刚刚获得的时候拱手让出？"

　　这有着多方面的原因。有些是个人问题，比如我的离婚。有些是职业问题，我感到我已经实现了大部分作为海洋生物学家的梦想。但是我之所以迈出这一步，最好的解释是，我受到直觉的指引。

　　对大多数科学家来说这可能是他们听过的最糟糕的事，但让我进一步解释一下。我总是很乐于在聚会上讲述我是怎样扔掉终身教职的，仿佛是我在任性、疯狂地反抗，仿佛我跑出新罕布什尔大学的生物楼大门，大喊着电影里的台词，再也不回头。

　　你可能会这样想象，但事实差得很远。我实际上正是因为拥有真正的科学家的敏锐、好奇和纯粹，才实现了职业的转变。在我做教授的第二年，我开始去好莱坞考察——周三晚上从波士顿起飞，住在森赛特商业街的凯悦酒店，一整天和好莱坞的人们会面，参加聚会和晚宴，了解这里的情况，然后在周日飞回去准备周一早上的课。在四年的时间里，我可能进行过八次这样的旅行。

与此同时，我开始制作电影短片，赢得了电影节的奖项，在波士顿和缅因州的罗克波特搞起电影工作坊，写书和剧本，马不停蹄，无休无止，同时还教书和进行海洋生物的研究。在我教授生涯的第五年，我遇到了一些神秘的事。我想深入探究科学的大众传播问题，我知道我可以在哪了解和学到这些。我申请了南加州电影学院，然后被接受了。

但这时仍然没有什么保障。没有数据能百分之百确定我能成功地干下去。有时候，我必须结合所有我在探索的道路上学到的东西，然后让直觉告诉我，这次飞跃是否值得。

我也有过一些不好过的时候，我已经在《别做那样的科学家》中列举过了，但总体上说一切都还算符合预期。我觉得这就是我把很多事情归结为直觉的力量和重要性的主要原因。对于任何给定的复杂的课题，这个世界并不总是具备完整的知识（不信可以问问气候学家）。在某种程度上，我们需要在较高的层次上综合我们获得的信息，我们的大脑可以帮助我们做到。

面对未知，如果不想卷入恐惧，直觉是唯一的出

路。我的整个人生可以用直觉这个词概括。如果不从直
觉的角度看待问题，我的人生完全无法理解。

　　作为回顾，科学现在面临着科学研究（假阳性和对
阴性结果的偏见）和科学传播（最好的是传达无聊的展
示，最糟糕的是刺激了反科学的情绪）两方面的问题。
潜在的原因都是缺乏叙事直觉。现在，是时候超越对好
莱坞的恐惧，超越对讲故事的恐惧，是时候改善科学世
界的叙事直觉了。

11

科学需要讲故事

当我们说起叙事的时候，4000年来都没有太大的变化。早在人们把吉尔伽美什的故事刻在泥板上的时候，这就是一个叙事的世界。直到今天，这还是一个叙事的世界。所有的过往，每一天，你都生活在一个叙事的世界里。当你听到你的朋友给你讲述他们家的夏日欧洲游的时候，当你听新闻的时候，当你看电视的时候——日复一日，一个叙事接着一个叙事。是的，我们现在有着更加频繁的交流，但故事仍然支配着这一切。不信的话，就问一问今天任何一位成功的电影制作人。

2014 年基斯·昆思伯里（Keith Quesenberry）进行的一项研究展现了叙事持久的力量。来自约翰·霍普金斯大学的研究者检查了此前两年"超级碗"的广告内容。他发现，即便全都存在可爱的动物和性感的躯体，但是整体上取得商业成功的最重要的因素——你猜猜看——要属讲故事的强度。

这里还有一个与此相当的故事的力量的例子。两部优秀的美国电影涉及全球变暖问题，它们都影响了大量的观众。一部是《难以忽视的真相》(*An Inconvenient Truth*)，这部纪录片由美国前总统候选人戈尔主演，他给我们讲述了我们是怎样改变了我们的大气，可能会造成什么样的后果。它的结构完全是"And，And，And"。

另一部电影《后天》(*The Day After Tomorrow*)，是一部讲述人类活动造成严重的气候变化的科幻故事。这部电影里没有太多科学概念，但是有好的叙事结构。它的核心是立体而充满悬疑的 ABT 结构。就像是哈森的功能性磁共振成像研究中用到的希区柯克的片段。

前一部 AAA 结构的电影收获了 2500 万美元的票房。后一部 ABT 结构的电影票房是 1 亿 8600 万美元。人们仍然喜欢好故事。

是的，科幻电影是假的，而且用糟糕的科学知识包装起来。我在洛杉矶看了一场，当时座无虚席，观众们被丹尼斯·奎德（Dennis Quaid）扮演的古气候学家杰克·霍尔（Jack Hall）的蹩脚的对话弄得哭笑不得。但即使是这样，电影依然取得了巨大的成功。这证明了有力量的故事结构继续成为成功的传播力量，无论内容是什么。

这还是一个叙事的世界，故事将所有的事编织在一起。那么为什么要害怕它？这可能是我在这本书里提出的最重要的问题。

故事恐惧症 —— 对讲故事的非理性恐惧

恐怕"故事恐惧症"对我而言是个新词。我在谷歌上也没有搜到相关的结果，但我们需要这个词。我前面提到过，我忍受着故事恐惧症的后果（正是《新科学家》评论员错误地指控我是在"为了讲好故事而歪曲科学"的时候）。

2013 年《自然》杂志子刊《方法》上发表了一系列关于在科学论文的写作中讲故事的社论。其中一篇文章名为"抵制在科学结果上讲故事",作者是麻省理工学院的神经生物学家雅登·卡茨(Yarden Katz)。这篇文章提供了故事恐惧症的清晰范例。卡茨热烈地呼吁,要把讲故事隔离在科学之外。他说,"伟大的讲故事者渲染和遮盖信息,以唤起受众的响应"。但是,他所说的讲故事者究竟是什么意思?

如果你接受我的前提——万事万物都可以视为黑格尔的辩证法中的三段论结构,那么卡茨对伟大的讲故事者的诽谤就显得毫无道理。他应该说得更具体才对。他应该说,"在使用讲故事者这个词的时候,我指的是弄虚作假的人"。

基于此,我认为我们终于要达到科学的核心了,即科学内容的组成本质上就是故事。由于故事、讲故事和叙事这几个词缺乏足够明确的含义,所以我在这本书里提到这些词的时候,都必须结合特定的上下文具体表明含义。现在你已经有了它们的语境,让我们来给出这些词的定义。

定义故事、讲故事和叙事

我的"讲故事连线工作坊"的合作导师布莱恩·帕

勒莫在工作坊进行了几轮之后就对我不客气了。他告诉我，需要精确定义"故事"这个词的含义。首先，在我完全能理解我们面对的工作坊参与者之前，我认为在我们整个的"故事"概念中涉及了太多的文艺色彩，因此没办法用正式定义精准地分析。你可能很大程度上同意这些。可能你在阅读的过程中就想了很多，但脑海里仍然没有出现一个响亮的声音："你这三个词的意思到底是什么？"因为每个人都粗略地理解故事的含义，对吗？

实际上，我们要在这里停住，不能走得更远了。这是我确定的边界。其实人们并不了解故事这个词的含义。

我们经常会假设常识性的含义，在科学文献中也会如此。我的例子是，传播学教授迈克尔·达尔斯多姆（Michael Dahlstrom）在 2004 年的一篇论文开篇说："讲故事，通常在科学中有很糟糕的印象。"他这么说的依据就是卡茨的论点。好吧，说得太对了。这正是我写这本书的部分原因。但是之后达尔斯多姆继续说到真正的问题所在，他说，"大部分人对讲故事的含义，都有着他们自己的固有理解"。

我再次强调，他们没有理解。

休斯顿，我们发现问题了

在我的讲述快要结束的时候，我要传达的最大的一条信息就在这里。在科学中，故事的全部问题和挑战就是，科学家通常不知道故事是什么。大部分人用 AAA 模式交流，他们认为自己就是在讲故事了，但实际上没有。至少根据我的定义，他们没有。感谢布莱恩的当头棒喝。

我将"叙事"或"故事"定义为，一系列的事件，按照寻求解决问题的方式发生。回顾坎贝尔的故事圈图像，那就是从提出问题到解决问题的过程。我曾经指出，科学方法与此类似，也是从提出问题到解决问题的实际状况。

之后，我们定义"讲故事者"为某个详细讲述这一系列事件的人，而这一系列事件按照寻求解决问题的方式发生。现在我们来看一看科学中故事的角色出现的问题。停留在 AAA 模式中的人显然有问题，他们没有按照解决问题的方式讲述一系列事件。相反，他们只是在讲述一堆信息——只是在后院中制造完美的砖瓦，却不知道这些砖瓦要用来建造什么。

一篇在有声望的科学期刊上发表的论文 [达尔斯多姆发表在《国家科学院文集》(*Proceedings of the National*

Academy）上的论文]开篇就认定每个人都知道这一核心问题带来的直接后果。类似于科学家不知道IMRAD代表什么含义。这对从事科学工作没有致命的危害，这只是他们的职业在科学传播中对使用叙事工具的抵抗的反应，而且他们已经使用了叙事工具（IMRAD）却对此视而不见。事实上，略有些讽刺的是，如果你看一看卡茨的文章的第一段话，你会看到它有着标准的ABT结构——第二句以However开头。

当前在科学的世界里，对故事、叙事、讲故事有诸多反对的声音。但关键问题是，我没有看到有任何人对这几个词的含义提出严肃的讨论。人们抛出"故事"这个词，他们指的是任何人说的任何事。我的确也认为可以讲述任何事，比如，"教授开始给我们讲述分子如何被组装进G蛋白质的故事"。如果所有的教授所做的都只是列举事实，他不算给你讲故事，或者说他的故事有问题。

冲突：治疗故事恐惧症

现在是时候摆脱科学的故事恐惧症了。科学的基础是通过观测和实验收集知识，这意味着逻辑性和理性。

对故事、叙事、讲故事者这些词汇的恐惧，是没有逻辑
原因的。

欺骗、谎言、欺诈、诡计和夸大，的确，当这些词
进入科学的时候，我们有充分的理由恐惧。有些故事或
叙事中，确实存在着上述内容。但也有许多其他的故事，
包括精确、诚实、真理和信赖。

在最后我想说，叙事就是叙事，叙事是中性的，是
由逻辑的元素建造起来的。古希腊人知道这一点。在
他们的戏剧发展的核心中，古希腊人创造了"冲突"
（Agon）这个词。

冲突指的是基于某件事的辩论或竞争。基本上，只
是追求替代掉所遭遇的问题，而不是解决它——希腊人
按照这样的规律写剧本，他们发明了两个关键词描述问
题的两面——主角（Protagonist）和反派（Antagonist）。
古希腊人创造这些词的时候，他们全部的戏剧概念都不
是善恶之间的实际对抗，而是在寻找真理的问题上的两
个面、两种方法。问题的两面都不会用来对人说教。

这就是希腊戏剧——一种探寻真理的实践。在几个
世纪之后，在文艺复兴之后，教会复兴了戏剧，但采取
的形式是展示道德、激情和奇迹。在这样的戏剧中，主
角和反派身上体现出来的是善与恶的道德教化价值。

所以我说，是时候回归古希腊了。科学不正是这样的目的吗——探寻真理，独立于道德说教之外？科学中的故事恐惧症是误导，就如同教会改变古希腊的戏剧概念一样。故事恐惧症是非理性的，广义地说是科学中不健康的方面。

要回应科学和故事的挑战，就必须开始接受故事、讲故事和叙事这些词中没有内在的善恶概念。完全没有，它们就如同价值中性的 $E=mc^2$。

如果我们能同意没有必要恐惧故事，而故事又实际上支撑起了众多信息，那么科学的世界就需要故事的帮助。让我们把问题定义为，我们需要更好地理解叙事、理解故事、理解科学的世界，然后探寻解决方案。

12

并且好莱坞能帮上忙

　　我坚定地相信好莱坞拥有切实的知识，可以用不同的方式处理叙事结构的问题。但是好莱坞和学术界的文化分歧不容忽视。从我第一次访问好莱坞开始，我就感到了它与学术界的冲突。我在电影学院的时候，始终要隐藏我有博士学位的事实。更高的学位代表着你鹤立鸡群，代表着你大脑发达，代表着你过度思考，这对电影行业来说没有什么实际好处。

　　当你生活和工作在好莱坞的时候，一定不要忘记我告诉你的这些分歧。如果你是科学家，与众多科学家和好莱坞人士一起参加一个持续一天的活动，你可能会想，哇喔，他们太伟大了，对科学如此友善和有兴趣。但当你长期体验的时候，你就会发现不是这么一回事，完全不是一回事。

幸运的是，科学已经是电影制作的核心部分，这一点开始于 19 世纪末，当时埃德沃德·迈布里奇（Eadweard Muybridge）发明了活动幻灯机，这种设备可以显示运动的画面。过去的一个世纪，科学在电影中的重要性持续上升。今天，国家科学院已经与好莱坞合作，共同开展科学与娱乐交换项目（帮助电影和电视专家找到需要的科学顾问），我从 2008 年开始参与其中。大部分电影制作人都喜爱科学，科学家也通常对电影制作有兴趣。

所以你会觉得，在这样的历史性和持续性的连接中，好莱坞与科学之间的鸿沟将不再那么大了。但实际上鸿沟依然不小。在好莱坞一边，对科学漠视。在学术界一边，对好莱坞蔑视。两者互为镜像存在。这意味着，在你继续阅读后面的内容之前，我需要你抛开对好莱坞的任何偏见，用开放的思想看待我所表达的。只有你看到了好莱坞和科学之间的差异和联系，我们才能从中收获重要的概念化的力量。

回到不受欢迎的要求：麦基三角形

我已经讲过了为什么科学研究中，阳性结果比阴性结果更容易引起关注。现在，我们秉承着"哥们儿，这是完全一样的故事"的精神，我要把科学的基本视野放到更大的图景中。就靠你对电影票房的成功或失败具备的知识和直觉，我用好莱坞来连接科学。在电影如何赢得公众青睐方面，和科学研究如何赢得公众和科学共同体的认同方面，两者有着相似的机制。

你的叙事直觉可能没有达到好莱坞剧作家的水平，但你肯定至少拥有一些直觉。无论你是否读过大量小说，你都肯定看过不少电影。美国社会人人都是如此。这就是美国人的生活方式。你可能觉得大部分电影都是浪费时间，但它们给我们机会从看电影的时间里学到有用的东西。

从《辛德勒的名单》的文化到《变形金刚》（Transformers）的时髦，票房只反映一件事，即这些电影的叙事结构。当一部电影发布的时候，通过电影的叙事结构至少可以部分地预测它的受欢迎程度。好的结构几乎是电影票房的保证。

科学与此相仿。当科学研究的结果对公众甚至科学共同体发布的时候，在人们心中的印象也是靠结构。

为了说服你接受这一点，我必须经历部分痛苦。我现在切换回教授模式，用这个模式，我会告诉学生我对他们非常失望。

在《别做那样的科学家》里，我提出了我认为非常有趣也很重要的东西——麦基的三角形。这一概念来自好莱坞编剧大师罗伯特·麦基。在他的书《故事》中讲述了这一概念的细节，这本书被好莱坞普遍看作编剧的圣经。

我的书出版之后的五年时间里，有多少人当面对我说过或是写到过麦基的三角形呢？一个也没有。

五年，没有证据显示有人读过。教授很不高兴。

同时，我在更深层次上发展了麦基三角形。现在我可以在万事万物中看到这一概念，感觉它是极端重要的工具，利用它可以理解整个世界。所以此刻我唯一能做的是，竭尽全力对你大喊！

听好，各位，这一点千真万确，真的意义深远而且重要。我确实感觉到如果你能对它真正的含义心领神会，它就能改变你的生活。

通过电影为科学建立叙事直觉

这里我们再次提及麦基三角形（图 13），每个角代表着麦基认为的三种纯粹的故事形式。右下角"反情节"（Antiplot），对我们的讨论来说最不重要。纯粹的反情节故事会削弱结构和传统的限制。这个位置上，革命者对抗建制，采取行动，而不在乎收益或是联系到了多少人。

这种类型中包括了我在新罕布什尔看过的最喜欢的艺术电影（在我搬到好莱坞和注意力枯萎之前），比如《午后的迷惘》（*Meshesof the Afternoon*，我必须在电影学院里看上 50 遍的经典抽象印象短片）、《天堂陌影》（*Stranger Than Paradise*）、《一条安达鲁狗》（*Un Chien Andalou*，我爱这部电影），以及一些经典喜剧，比如《韦恩的世界》（*Wayne's World*）、《巨蟒》（*Monty Python*）和《圣杯》（*Holy Grail*）。它们全部都有着传统的讲故事方式，它们本质上没有叙事。

三角形的顶端"原型情节"（Archplot），是实现我们的目的最重要的故事形式。麦基将这类故事定义为，具有经典设计的元素。他说，"这些原则在最真实的场景中是经典的：没有年代感，跨文化，对所有人类社会、文化通用，就像千年来历史长河中的口头故事。4000 年前

图 13　麦基三角形

吉尔伽美什的史诗刻在 12 块泥板上的时候，口头故事第一次转化为文字，经典设计的原则已经充分地植根于此"。（耶，吉尔伽美什！）

多么深刻的表达。原型情节是富有历史的形式，显然会联系着最广泛的受众。它是大众间流行的每一部电影的核心。《星球大战》《指环王》(The Lord of the Rings)《乱世佳人》(Gone with the Wind)《钢铁侠》(Iron Man) ——它们都有着原型情节的结构。

麦基列出了原型情节的主要特征。对我们的讨论来说，这里给出了五条最重要的有关特征：

1. 线性时间线：时间按顺序发生，而不会跳跃。

2. 因果性：时间按逻辑发生，而不会随机。

3. 单个的主角：还记得个体的力量吗？

4. 活跃的主角：主要任务要实际活动，而不是仅仅做着思考和反抗。

5. 封闭式结局：故事讲完了，所有的问题都得到解答。

《绿野仙踪》是经典的原型情节的例子。它有（1）线性时间线（不会在时间上跳跃）；（2）因果性（我们看到了所有事情的原因，飞猴不会随便出现，它们是邪恶的巫师送来的）；（3）单个的主角（桃乐丝）；（4）活跃的主角（桃乐丝走上黄金大道，而不只是坐在那里等待被救助）；（5）故事最终结束（桃乐丝找到了回堪萨斯的路，之后快乐地生活着）。

《绿野仙踪》融合了全部五个特征，它被大众普遍接受，这不是一种巧合。大众的大脑被塑造成容易接受原型情节。在大众中流行的电影取得成功是因为它们匹配了这种结构。

麦基三角形的左下角"微情节"（Miniplot）基本上是原型情节的反面。微情节最不看重情节，而是聚焦在角色身上。考虑所有原型情节的特征，它们反过来就得到了微情节的特征：（1）非线性时间线（在时间上跳跃）；（2）有限的因果（事件发生可能没有清晰的原因）；（3）多个主角；（4）不活动的主角（他无法决定是否要去反抗坏蛋，他只能坐着发牢骚）；（5）开放的结局（坏蛋永远不会被毁灭，谋杀案永远破不了，小伙子永远追不到姑娘）。

　　微情节电影总在艺术剧场上演，受到电影评论家的钟爱，经常赢得电影奖项。1996 年是艺术电影之年，《闪亮的风采》（*Shine*）、《冰血暴》（*Fargo*）和《秘密与谎言》（*Secretsand Lies*）斩获奥斯卡大奖。这些类型的电影赢得了影评人的青睐，但观众数量有限。

　　看一看这些特质，有助于你理解昆汀·塔伦蒂诺的《低俗小说》（*PulpFiction*）。这部电影充满了微情节（多主角，难以置信的非线性，大量的随机事件）可又能影响大量观众。在约翰·约克的著作《走进树林：叙事如何起作用以及我们为何讲故事》（*Into the Woods: How Stories Work and Why We Tell Them*）中，作者深入分析了《低俗小说》，最后证明，这部电影的结构其实非常传统。昆汀利用了足够多的原型情节的元素（最终闭合的结局，非常活跃的主角，大量的外在冲突）来俘获大众，也用了足够多的微情节特征来打动影评人。这部电影正位于三角形的两个角之间——既有文艺色彩，又通俗流行，但是仍然不能位列有史以来票房最高的 50 部电影之一。

就电影来讨论，我们有三种纯粹的故事形式：大众娱乐（原型情节）、艺术小众（微情节）和"谁在乎观众呢"（反情节）。

现在的社会留在人们心中的艺术电影有多少呢？有一些，但不多。大部分人更喜欢原型情节。时代在变，但原型情节的结构已经深刻植入我们的本性。其结果是，如果你讲述科学的故事，一旦违背了原型情节的那些基本要求，你就开始失去听众。

1. 一旦你讲科学故事的时候，在时间上跳跃，你就开始失去听众。

2. 一旦你讲科学故事的时候，这些故事的发生没有清晰的原因，你就会失去听众。

3. 一旦你讲述好几位科学家或好几个项目，而不仅讲述一位科学家或一个项目，你就开始失去听众。

4. 一旦你讲述科学故事中的内在冲突（我们应该做这个实验吗），而不是讲述外部冲突（切实做了实验），你就开始失去听众。

5.一旦你讲述的科学故事没有结局，你就开始失去听众。（气候变化领域的科学家们有没有获得警示？）

ABT 违背任何一条对讲故事来说都不是致命的，但都会有代价。违背得越多，你的听众就越少。

一切整合起来：
原型情节、阳性结果和 ABT 结构

现在让我们用麦基三角形交叉科学与电影。一项科学研究可能有三种结果：（1）拒绝了原假设，得到了阳性结果的结论；（2）你发现你无法拒绝原假设，你得到了阴性结果的结论；（3）你没能收集足够的数据，所以没有得出结论。阳性结果相当于原型情节，阴性结果相当于微情节，而没有足够的数据相当于反情节。

考虑一下其中的含义。阳性结果充满了兴奋、欣喜、广泛的兴趣，也就是票房的成功。阴性结果只是艺术电影的境况，真正的同行有兴趣，而大众无兴趣。

这就是叙事的困境，也因此，科学研究者需要叙事

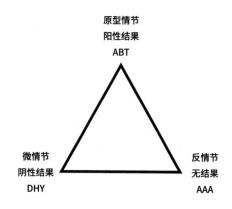

图 14　合并好莱坞、研究与传播。麦基三角形扩展为
兼容科学研究结果和叙事结构的形式。

直觉。你觉得你正在主持一项普通的研究项目。科学共
同体会用诊断性的、机器性的、不带情绪的态度检查你
提交的报告。无论你是否意识到了，你的项目都蕴含着
叙事的能量。不是所有的结果都会被公平对待。

　　你必须警惕这一点。如果你不小心，就会出现下列
问题。你可能会潜意识里过分夸大科学结论——想用原
型情节捕获最多数量的听众。或者你可能发现没有期刊
愿意发表你的阴性结果，并因此感到失望——欢迎来到
微情节的世界。

　　在叙事内容上我们可以做出进一步的联系。原型情

节对大众来说是理想的形式。它等同于 ABT 结构。微情节复杂、智慧、烦琐的形式，通常得到人们的尊重，但缺乏大众的关注，它就相当于 DHY 结构。而反情节就是"我不在乎受众"，这种态度符合 AAA 结构，试图仅仅发布数据，让受众自己从中找出含义。

所以麦基三角形的三个角联系着科学结果（科学方法），同时还联系着科学传播（叙事结构）。

在故事的河水中逆流而上

通过麦基三角形的帮助，我们看到了什么是古老、巨大、惯性的故事洪流。没有人能对此免疫，我们所有人都受制于它，我们所有人都被原型情节吸引。宗教完全在原型情节之上构建自己的存在，按照原型情节的基本规范讲故事——单一的主角，以活跃的和线性的方式克服障碍，收获教训，直到找到出路并到达终点。

原型情节的力量就像是在一条湍急的河里游泳。当真理顺流而下时，没有什么问题。但如果真理逆流而上呢？

图 15 真理逆流而上。真理对抗故事的洪流的时候，
会发生什么？会被卷走吗？

亨利·方达本质上是科学家

当真理不得不沿着故事的河流逆流而上时会发生什么？恐怕我们都听说过滥用私刑的暴民。那就像是故事的河流走向了错误的方向，但它是如此强大，以致真理无法与之对抗。

电影《龙城风云》（*The Ox-Bow Incident*）就是一个揭露滥用私刑的暴民的好故事，1943 年由经典西部片明星亨利·方达（Henry Fonda）主演，获得了奥斯卡最佳影片提名。故事讲述的是个别分子相信阴性故事，试图逆流而上对抗暴民的阳性故事，而暴民确定得到了多数人的支持。（记住这里提到的阳性和阴性是科学中的阳性和阴性结果的含义。）

总体上说，这部电影是一个阴性故事。它没有原型情节的英雄主义传奇。它不同于《正午》（*High Noon*），不是那种对抗恶棍的传奇，不是以绝对的邪不压正的信念摧毁恶棍的故事。相反，这个故事的结尾是开放式的，正义没有得到伸张，善良并未战胜邪恶。

不出意料的是，这部电影的制作历程非常艰难。电影对亨利·方达来说是一个"充满激情的项目"，因为他在自己职业生涯的巅峰时期，只挣一点点工资，还要帮助电影募集资金支持。电影获得了奥斯卡奖提名。老演员哈里·摩根（Harry Morgan）（他也出演了《正午》）在演艺生涯快结束时曾经说："《龙城风云》是我演过的最好的电影。"但是猜一猜票房的表现如何？惨淡收场。基于阴性故事为核心的电影结果还能如何呢？纯粹的微情节而已。

今天科学的世界也是由这样的逻辑支撑起来的。讲述大故事的渴望被故事的大河驱动，导致了假阳性的出现，或者是以令人缺乏兴趣的方式讲述阴性结果的故事，论文发表时导致各种偏见。

在申请课题资助的时候也是如此。基金委员会通常不愿意资助测试某些东西是否已经存在的项目，它们更愿意资助那些具有清晰模式的新故事。它们也被大河驱动着。我有几个朋友得到基金委员会官员的答复："我们需要你讲引人入胜的故事。"我的那些朋友想这样回答："哦，我们还以为你们更感兴趣的是真理。"

任何书面的阴性结果报告都会有此遭遇。编辑把这些报告和阳性结果做比较，估计它们分别会有多少潜在的读者。被科学共同体长期使用的一个词"重要性"，用来判断项目是否包括重要的研究。但科学出版界完全将重要性的含义变成了有多少熟人会真的关心你的发现。那些决定接受或拒绝你的论文的人也被故事的河流驱动着。

最近几年，有人对解决这一问题作了很多努力。在线期刊 *PLOS One*（*Public Library of Science*）开始考虑这一问题。编辑的基本理念是，"基于研究的可靠性而不是基于重大程度"决定接受论文。理论上这样的努力应该可以改善出版方面的偏见。但和我聊过的每位科学家都说，"是的，有帮助，但仅仅是在一定程度上有"。"重要"研究的吸引力冷酷无情，它已经成为《科学》和《自然》两份最重要的刊物的接受标准。

原型情节和微情节之间的差别可以在我们身边看到太多的例子。我在和一些森林保护生物学家的讨论中听到过一个例子。

保护科学：两种研究

我的朋友在国家公园管理局工作，他说政府在过去推崇的保护哲学和现在主张的面向未来有所不同。1916年美国国会通过了《国家公园管理局组织法》，其目的是保护"自然景观、野生动植物和历史遗迹，在供人们休闲娱乐的同时，不得破坏这些场所，并将之传诸后代"。这里的关键词是"不得破坏"，意思是保持原始的状态。

这一导向中隐含着原型情节的主要元素。它暗示了结尾，自然故事的结尾将与开头一样，如果我们能保持它们不受损坏，所有的东西都和开始的时候一样。这是一种很简单的故事，它容易表达和保持含义。但不幸的是，我们的世界不总是像我们希望的那样简单——尤其是当气候发生变化的时候。

鉴于此，国家公园管理局在2012年修改了它们的目标，建议公园的管理"为了保护生态健全和文化真实，要持续改变不被完全理解的现状，给参观者提供有变化的体验，形成国家保护陆地和海洋景观的核心"。

哇喔！有大量的微情节，我们就从"不被完全理解"开始。原型情节的原则清单上第二元素是因果性，那意味着，你作为讲故事者要知道所有的事。作为全知的叙述者，意味着讲故事的人知道所有的事，尤其是因果关系。

但看一看 2012 年的叙述，其中基本上是在说"我们不知道"。这就是纯粹的微情节。更进一步说，公园管理局正在讲述持续变化的故事，这个故事没有结尾。这难道还不算微情节吗？

面对这两种不同的叙事，你觉得哪一种更容易向公众甚至是公园管理局的员工解释？一种是基本的原型叙事"我们试图保持所有东西原来的样子"，相对的另一种是更细微的微情节故事："随着事物的变化，我们正在改进我们的想法"。

正因为如此，"保存"的意识一直存在于世界保护之中，也可以说是"自然平衡"的概念（这种维持一切和谐的不可见的力量本来是由宗教传统带来的）。但是对今天的世界来说，这两种概念都不够准确。我们循规蹈矩的大脑难以准确理解这些概念。

真实世界是粗糙的。我们很容易发现我们自己是少数派——为了真理逆流而上的对抗故事。我是在拍摄《一群渡渡鸟》的时候感觉到的。我们可以讲一个简单的引人入胜的故事，大量的观众想要我这样讲。这个故事的原型情节版本设计为，完全邪恶的化身得到歹毒的右翼暴君的资助，想要暗中破坏整个美国社会。有很多左倾人士不仅希望我的电影这样拍，他们甚至评论和推崇这部电影，仿佛它的原型情节的信息真的如此简单。但它不是。我坚持为真理而战，最终电影更接近古希腊冲突的两面性概念，而不是教会塑造的善恶之争。

迈克尔·摩尔（Michael Moore）、戴维斯·古根海姆（Davies Guggenheim）、乔什·福克斯（Josh Fox）和其他激进的电影制作人都在表达善恶对立方面更出色。毫无疑问，他们收获的观众也比我想象的多得多。2013年我的一篇博客文章标题是"小心简单的讲故事者：乔什·福克斯和《天然气之地》"。这篇文章是在看了《纽约时报》记者和我的朋友安迪·列夫金（Andy Revkin）试图让乔什·福克斯为讲故事的问题负责而作出的响应。在福克斯参与的汉普顿国际电影节的讨论会上，安迪说这部电影"是非常好的论战"，但电影制作人没有通过问题的复杂性看到问题的本质。这话说得非常对。但他的评论让观众——大量左倾的老年人，对他大喊大叫。
（汉普顿的人们太粗鲁了。）

无论如何，我本应该在这里说一说这些电影制作人
多么的富有，而我又多么的拮据。但事实是，即便迈克
尔·摩尔偶尔不尊重事实，我也喜欢他所有的电影，而
且对他评价很高。我的大脑和其他大众一样有偏颇。

问题在于，故事澎湃的大河倾向于采用原型叙事的
结构，但真理往往更需要微情节。这就是好莱坞看待叙
事世界的方式，但我不推荐科学的世界也用同样的方法
理解重要的科学故事的叙事逻辑。让我们看看在真实的
世界里可以有什么样的例子。

为什么全球变暖是一团糟

大部分气候学家同意这样的观点：人类已经改变了
气候（2014 年美国科学促进会的调查显示，支持这一观
点的科学家的比例是 87%）。这意味着向公众传播的是阳
性结果。看上去显然如此。但 2014 年的 Pew 研究中心的
调查显示，半数美国人不这样想，更糟的是，他们对此
并不关心。在一个又一个的调查面前，气候不再是人们

关心的首要话题。为什么会这样？我有好多解释。

2010 年安迪·列夫金在《纽约时报》的博客"圆点地球"（*Dot Earth*）上贴出一篇文章，标题引用了我所说的"全球变暖是一团糟"。2013 年《明镜周刊》（*Der Spiegel*）的一组记者准备参加下一次大型全球气候会议。他们读了那篇博客文章，我所说的"一团糟"像是说到了他们心里，所以他们采访了我，问我是什么让我想到了那个词。在美国，美国广播公司新闻引用了那次采访，标题也用了同样的词。我很多的气候学家朋友都对此不高兴。

早在 2002 年我和一组华盛顿大学的科学家开会讨论海洋问题的时候，我就看到了一团乱麻的悲哀。但他们却沉浸于讨论他们关心的话题，他们最迫切的问题是如何教授全球变暖的内容给学生。这是在《难以忽视的真相》上映的 4 年之前，但他们早已经看到了这个主题的沉闷迹象。

他们告诉我他们的学生讨厌这个主题。他们发现它很无聊。为什么会这样？我们这本书里涉及的内容差不多就是答案。让我们看几个关键因素。

全球变暖的微情节本质

全球变暖的"故事"充满了微情节的特征。我们来看一看评论有哪些主要特点。

线性时间线——存在可以让我们明确感觉到随着时间建立起来的清晰的时间序列吗？不存在。全球变暖的"故事"遍布整个地图。1988 年，首席气候学家詹姆斯·汉森（James Hansen）向国会证明了夏天格外炎热，他说是时候回应潜在的全球变暖问题了，但之后这些问题在媒体上消失了十多年。20 世纪 90 年代突然出现了《京都议定书》，但仅仅是介绍性的。2005—2006 年，卡特琳娜飓风和戈尔的电影突然把这个话题带回到人们的视线里，但飓风已经离去了。超级风暴桑迪再次让全球变暖的话题回归，但之后也渐渐销声匿迹。看起来，这个故事起起伏伏，但你无法从中找到那种原型情节可以带给你的剧情推进。我不是说非得有原型情节才行，我是说这里面存在着叙事特征的问题。

因果性——对有一定知识基础的人来说，可以轻易区分天气和气候的不同，它们之间的区别就像是短期特征和长期特征。但对公众来说这样的区别不是显而易见的。其结果是，在公众看起来，总是存在大量的随机的特征，暗示了因果性的缺乏。冬天的一场大雪，或是剧烈降温，好像都传达出一种反驳气候变暖的信号。当大尺度的预测总是不准的时候，特征就显得随机。在 2005 年夏天的那场飓风之后，这种挫折感尤为明显。美国曾遭受五次严重的飓风灾害，卡特琳娜飓风最为难忘。全球变暖主张者抓住这次机会，配合媒体的关注和第二年春天的电影《难以忽视的真相》，宣扬气候变化的警钟已经敲响。他们发出这样的信息："全球变暖带来了这些飓风！"但紧接着的 2006 年美国没有出现一次飓风，削弱了全球变暖问题的紧迫感，让公众感觉气候变化是随机的，缺乏原型情节中的因果性。

单独的主角 —— 观众需要单独的主角，就如同我们需要单独的领袖。你可以找到各种理性的原因说个体需要被注意，或者你可以说原型情节的特征就是要有一个领袖。对全球变暖来说，那个领袖是谁？戈尔一度担当了这个角色，但他不是科学家，没有办法进行实质对抗，甚至他自己放弃了关注这个问题——2008 年他说他将关注点转移到了能源问题上。他还因为将潮流电视频道卖给了半岛电视台而失去了大众的信任，无论真相如何，公众感觉那是恐怖分子的电视台，或是和中东石油有瓜葛的电视台。对全球变暖问题来说，理论上讲主角应该是所有的环保英雄，对抗危机，拯救地球。这样的现实与单独主角的叙事要求相反。如果单独个体承受痛苦是悲剧，那么一百万人的痛苦就仅仅是统计数字。全球变暖问题终结于几十亿人未来的痛苦的超级数字。受众如何才能和这些数字建立联系？靠微情节。

活跃的主角——观众会为个体的抗争加油鼓劲，但全球变暖已经成为大众的故事，大众无法简单地成为活跃的单位，只能忍受身边自然的折磨。

封闭的结尾——想一想国家公园管理局的两种叙事。自然平衡的叙事匹配上原型情节，暗示了封闭的结尾：如果我们能恢复事物的"自然平衡"。气候变化叙事是微情节，不提供封闭的结尾。全球变暖对大众的警告就是，他们会发现他们自己处在两种力量之间，一种认为"我们能阻止它的发生"；另一种认为"太晚了，来不及了"。就像吉林（Keeling）曲线持续反映的大气化学远离平衡的问题，回归正常的愿望落空了。全球变暖问题不能提供简单的、封闭的故事结尾。这使得故事纯粹是微情节的，它的走向无人知晓。

我无意指责上面提到的这些传播方式的缺点。我只是认为从一开始就有着巨大的挑战。但现在我要说，真正悲哀、悲剧、病态、天真的是本质上无视叙事，这才是最严重的问题。

全球变暖：微情节的混乱

2002 年，在一个完美的世界里，当华盛顿大学的那些教授们用紧张的目光看着我时，事情已经不可避免地改变了。一个国家智库被组织起来寻找全球变暖的危机的叙事方法，他们希望用微情节来警告世人，因为这是危机的本质。

智库迅速整合了不同的元素，并意识到我们正在面对一场巨大的微情节危机。他们发现，一些叙事准则用不同方向的多角度叙事来轰炸公众，造成了微情节的混乱。

全球变暖问题最终步履蹒跚地在媒体上获得了话语权，但从来没有任何完美的方法形成叙事逻辑。实际上，就像马特·尼斯贝特（Matt Nisbet）在他的报告《气候变化》中指出的，一开始几乎完全没有人关注传播问题。他讲到 2007 年的报告《谋求胜利：在对抗全球变暖问题中慈善的角色》，戈尔的电影之后紧跟着有大量的环保团体共同提出了这份宣言。根据尼斯贝特的话，在整整 50 页的报告里，只有两句话涉及这一问题的传播、媒体和公众认知。

我最近注意到与科学相关的大众传播议题的简单叙事逻辑是克里斯托弗发表在《户外》杂志上的文章"尼古拉斯·克里斯托弗对拯救世界的建议"。这篇文章发表于 2009 年，我曾在第一章提到过它。在他对非洲公共卫生教育运动的讨论中，他指出讲故事的问题、有缺陷的大脑认知方式以及从过于咬文嚼字的方法中收获的困难。但他主要关注的是公共卫生问题，而不是全球变暖。

在此之外，我没有看到任何结合叙事和广泛传播的努力而两者其实缺一不可。国家科学院可能已经（也可能没有）在论文集里统合了叙事和科学传播中的科学，但他们从来都没有身先士卒地承担传播工作（用克里斯托弗的方法）。你真的需要借助好莱坞或是在全世界贴广告找寻答案。实际上，克里斯托弗的文章说，"如果急救组织和慈善家相信了麦迪逊大街上的市场营销和心理劝说的阴暗面，会发生什么？我们要拯救更多的生命"。

你不能在故事的大河里随波逐流

作为全球变暖问题的总结，让我就故事的大河来说一说《难以忽视的真相》。如果你在好莱坞待了足够长的时间，你就会意识到运作电影的不是作家、导演、演员，而是制片人。他们代表了真正的好莱坞的声音。而其他人只是制片人的走卒，被雇来全身心进行创意活动。制片人挑选剧本，找到资金，选择导演和大明星，最终决定故事的讲述方式。

即便是斯皮尔伯格也不能随心所欲地拍电影。2013年他说他的电影《林肯》（Lincoln）几乎失败，因为他无法说服电影工作室投拍。工作室是制片人——他们控制着好莱坞的声音，轮番操控大众传播和社会信息的主要资源。

这完全就是《难以忽视的真相》所处的境遇。这不是戈尔的电影，戈尔只是老练的环境活动家和好莱坞制片人劳丽·大卫（Laurie David）的走卒。

2005年夏天，劳丽是恐慌的环境主义者人群中的一员。这群人确信五次严重袭击美国的飓风就是"世界的气候已经变了"的标志。那年夏天我在好莱坞的环保活动上反复听到这样的话。最终我从一位气候学家口中听到这样的话。这位科学家在 2006 年 HBO 的纪录片《全球变暖的真相》（*Too Hot Not to Handle*）中如此说。

就是这位科学家告诉我，这部影片是怎样被科学监管委员会拖延了进度的。每部电影的大纲都被一组科学家认真、精确地审查。但她告诉我，在 2005 年的五场飓风过后，劳丽·大卫"基本上向我们所有人求助，她说，'我想感谢你们的帮助，但现在我们自顾不暇，有了你们关键性的力量加入才可以顺利走下去，所以我们希望你们可以留出时间共同制作一部新电影。'"

这部新电影就是《难以忽视的真相》，在 12 月拍完，在好莱坞日落高尔工作室现场放映。我有几位朋友看过它。次年春天电影发售，从起念到发行还不到一年时间。

整部电影充满了惊慌，这意味着它根本来不及讲故事。没有人说出什么核心词，没有人采用引人入胜的三段式结构，尽管这样的结构能引导观众走上一条追寻答案的路途，却没有人在乎。

电影充满了 And And And 结构，按照时间顺序简单地罗列信息，讲述戈尔和他竞选总统的失败，以及他对全球变暖问题的关注，以及最近几年的工作流水账，然后是一个接着一个的气候问题的陈述。

作为入门者，你可以尝试把杜布赞斯基模板应用到电影的情节上。电影制作人怎样填空？"如果不从……
的角度考虑问题，全球变暖问题的一切毫无道理"，电影
没有明确的主题，所以模板也没有清晰的答案。

我知道环保主义者和科学界对这部电影喜爱极了。
但好莱坞制片朋友称它为一团乱麻，我也这样认为。
2010 年，这部电影成为我在大学给本科生演讲时的标准
反面教材。我会问，"谁想在今晚一边看《难以忽视的真
相》，一边吃披萨喝啤酒？"没人举手。好故事，会让人
们愿意听上一遍又一遍。

老生常谈的全球变暖叙事

至少已经出现了一种证明全球变暖的坚实的证据。
电影可以首先展开行动，用简单的 ABT 结构，对着地球
的空旷的照片用画外音讲述："曾经，在这个小小的蓝
色行星上，有过一场威胁全人类的大气危机，在 20 世纪
80 年代早期，问题已经十分明显。但是在这之后全世界
的国家联合起来应对危机，因此，今天这个问题已经不
再迫切。"

讲述 ABT 结构之后，可以揭示出臭氧层空洞的问题

所在，应对危机的策略是 1987 年的《蒙特利尔议定书》，事实上你今天已经很少听到关于臭氧层空洞的话题，因为它已经得到有效的解决。

但是之后（现在我们讲述一个更大结构的 ABT，电影长度的结构），20 世纪 80 年代末第二次大气危机袭来（全球变暖），解决掉了臭氧层问题的那些国家，没能解决这次的问题。为什么？

就在这里，我们插入了"煽动性的内容"——让我们开始旅途的核心问题。这正是约瑟夫·坎贝尔所推崇的英雄之旅的开端。在这里，戈尔可以带领我们理解为什么我们没能回应这个迄今为止最严重的环境问题。他可以像苏格拉底推崇的那样去质疑，这会让我们学到很多东西。

但是他没有。这部电影没把故事讲好。电影只有少许的幽默，当然这对共和党来说已算不容易了（就像戈尔讲过的关于他小学时候的科学老师的笑话）。电影唯一的感情内容的尝试是偏离主题的（戈尔的妹妹和儿子的健康问题）。整个电影完全没有叙事，显得一团乱麻，强迫人们听取一堆事实的罗列，有些人会对此感兴趣或好奇，但最终无法描绘有意义的图景。

不同的策略：让专业人士做专业的事

　　有两种方法，可以通过叙事实现信息的大众传播。方案 A 是你自己成为媒体，你会有机会发现其中的困难，难以驾驭叙事（比如戈尔的电影）。方案 B 是把事情交给专业的人来处理，你只是享用他们带来的便利。

　　疾病控制中心采用了后一种方案，20 世纪 90 年代末非常明智地改善了公共卫生信息的大众传播策略。2001 年，他们组建了好莱坞卫生与社会项目（HH&S），与南加州大学安纳伯格学院（Annenberg School）的诺曼·李尔中心（Norman Lear Center）合作，在中心联合创始人马丁·卡普兰（Marty Kaplan）的协调下，利用好莱坞强大的传播资源进行大众传播。

　　疾病控制中心的核心理念是，不要自己成为媒体，而是要与专业的讲故事者合作。他们达成了协议，给李尔中心的大量工作人员提供资金，回报有两种。首先，中心给所有主要的黄金时间电视剧编剧发出疾病控制中心的公共卫生基本情况。他们不去游说那些电视剧，不祈求提到自己。他们只是明确，如果编剧需要得到精确信息的帮助，疾病控制中心可以提供这些帮助。其次，如果一部电视剧有某一集利用了疾病控制中心提供的信息，李尔中心会进行研究，看观众在看完电视之后可以理解并还能记住多少信息。

最近几年，我几次帮助卫生与社会项目在疾病控制中心开设工作坊。我听说他们的这一项目取得了非常了不起的成就。最好的一个例子是，在一部八集肥皂剧《勇士与美人》（*The Bold and the Beauty*）中，最有名的角色被诊断为患上了艾滋病。在第六集，他们在剧中的广告中播放了一个非常简单的公共卫生服务通知，在广告中演员对着镜头呼吁观众拨打疾病控制中心的热线电话了解艾滋病的信息。过去热线电话每天能接到几个来电，但这次打来了上千个电话。在电视剧没有播出的时间里，热线接到的电话非常少，这就是叙事的力量。

我们从这个项目中学到的，以及我强烈支持和喜欢他们的方式的原因，是他们没有试图自己讲故事。他们尊重那些拥有大量技巧和愿意花时间讲好故事的人。你需要像《南方公园》的特里·帕克那样用叙事的力量创造类型。每个人都需要更好的叙事，但在最后，你发现还是要尊重真正有技巧的专业讲故事的人。

重构阴性结果：艾拉警报

由于存在对阴性结果的偏见，阴性结果可以获得广泛的注意吗？可能你会想象阴性结果收获大量受众的例子，但当你仔细思考，会发现还是其中的阳性结果的成分在吸引人。这样的情况就像 20 世纪 90 年代初的"艾拉恐慌"（The Alar Sare）。

它始于阳性结果。由于各种原因，化合物艾拉（丁酰肼）通常被用于喷洒在苹果上（控制生长，不让苹果过早脱落）。而自然资源防御委员会发布的一份报告中指出，这种物质可以致癌。CBS 新闻节目《60 分钟》在1989 年播出了有关的新闻片段，结果拉响了警报。之后，演员梅丽尔·斯特里普（Mery Streep）呼吁国会立法禁止艾拉的使用，以防止学龄儿童食用这种苹果。在事情失控之前，美国的艾拉生产者尤尼罗伊尔化学公司（Uniroyal Chemical Company）自愿停止了艾拉的生产。

阳性结果（"化学物质造成了问题"）获得了巨大的关注。但在这之后，巨大的反对声出现了。华盛顿的苹果种植户对此不满，并发动了公关活动。他们提起诉讼，要求赔偿一亿美元经济损失。这一事件被大量的编辑和记者报道为"艾拉恐慌"，直到今天仍然有很多人对这一事件记忆犹新。

那么反对者是怎么让人们对阴性结果（他们宣称"这种化学物质不会致癌"）产生兴趣的？某种层面上说，他们借用了阳性结果的势头发起了平行的相反叙事，"环保主义者们欺骗了你"。他们的信息没有改变化学物质本身，一切都只是他们对环境运动的意向。

在过去十年里的气候科学领域也发生过同样的事。气候运动的反对者们基本上是在讲述阴性结果——气候没有变暖，或者人类和这样的过程无关。但在这场辩论中，他们更引人注意的声音是，阳性结果的叙事意味着环保主义者们有着不可告人的目的，而且都不诚实。反对者们的修辞包含在原型叙事中，在他们的故事里，他们都是对抗邪恶的环保主义者的中坚力量。

真正的阴性结果很难传播。苹果种植户的公关者们想办法说对方的坏话，我不建议你这样做信息传播。但如果你得到了阴性结果，而这个结果值得引起注意，就可以想一想艾拉恐慌事件给我们的教益。看看是否有办法不纠缠字面而重构这一问题，使你能够借助阳性结果的议题引发更宽广的关注。

特此说明，在艾拉的问题上环保主义者们没有说谎。《哥伦比亚新闻评论》（*Columbia Journalism Review*）的艾略特·涅金（Elliott Negin）在 20 世纪 90 年代末撰写了一篇报道，名为"艾拉恐慌是真的"，细致分析了整件事。他的结论是，"像大部分媒体宣传的那样，这件事或多或少包含一些事实"，但他对成功的抗议运动提出了严厉的批评，他们将公众置于艾拉的风险中不顾，这完全是错误的。今天我们已经充分了解艾拉残存的致癌风险，世界上很多国家依然禁止使用这种物质。

服从叙事需要

人们需要叙事。叙事可以让你更好地吸收、欣赏、尊重信息。

更进一步说，一些人似乎在消耗某种叙事，比如整个世界分崩离析的故事。这实际上是一种悲观的憧憬——衰退者叙事（Declensionist Narratives）。这种憧憬存在于环保主义者心中，他们有些人甚至拒绝听到关于这个世界的好消息。他们只接受衰退的故事——就像《周六夜现场》（Saturday Night Live）中的黛比·唐纳（Debbe Downer）。

面对这种人的时候，你需要传播一些和他们的叙事相反的东西，你有两种选择。你可以说他们是错误的，或者，你可以诉诸他们特定的"叙事需要"。

我们来分享一个例子。我生活在加州海岸的一座小城，那里可能有大量的衰退论的拥护者。2011 年日本福岛核反应堆爆炸的时候，出现了大量对辐射的恐惧的声音。

但是四年之后，多项研究已经证明，福岛周围的水中的辐射已经非常微弱，鱼类也完全正常。一组为《深海新闻》(*Deep Sea News*) 撰写博客的权威的海洋生物学家（我认识他们中的好几位）的结论是，"日本福岛周围的核电站发生了可怕的事，"但是他们继续说，"阿拉斯加、夏威夷和美国西海岸没有任何危险。"

本质上这是一种阴性结果的传播。实现这一传播有两种途径。第一种是忽略本地公众的"恐惧需要"，这意味着讲述一个维度的故事，"科学证明没有来自日本的辐射的危险"。这种方式的后果是，公众根本不在乎这些信息，因为这些信息不是他们渴望得到的叙事。

还有另一种方式可以用，即在其他的恐惧内容里做文章。我在为本地报纸写的一篇文章中尝试了这个方法，题目是"到福岛的路那么远"，为了配合这篇文章，我没有在辐射的标志上打叉，而是列出了加州海岸的六项主要的危险，比如过度捕鱼和海岸污染。列表中间有一项"日本核污染"，但这一项被去掉了。

我没有抛出雷达船观测到的数据。我知道的只是，在请他们在危险的列表上去掉一项之前，努力缓和他们对这个世界会崩塌的根深蒂固的叙事。

人们想要自己期待中的叙事得到满足。我肯定史蒂文·平克（Steven Pinker）对这些了解得很清楚。他试图用他划时代的著作《我们更美好的天使》（*Our Better Angels*）展示阴性结果的图景，在他的书里记录了不同时代以来的社会暴力的减退，但我已经听说很多人完全无视他所说的实情，因为与他们的"人性极端"叙事不合——认为讨论都没有意义。

最终，我明白了阴性结果的表达有多么艰难。我作为海洋生物学家从事过的最重要的科学研究持续了好几年，是关于澳大利亚的刺棘海星研究。海星的数量爆炸非常有传奇性。用科学的术语叫作爆发（outbreak），类比于昆虫数量的爆发。有一个很流行的故事揭示了为什么会产生海星的爆发。我的研究认为，那个故事很棒，但在科学理论上是错误的。我想要讲述的是一个阴性结果的故事，简单地说，"我不确定是什么原因导致了海星的数量爆发，但原因肯定不是那个家伙讲的那样"。

　　我的文章最后发表于同行评议的学术期刊，但基本
上论文里都是让人扫兴的声音——我毁掉了曾经最激动
人心的故事。其结果是，我的工作被大家容忍了几年，
但在我离开科学界之后，大家很快就决定批驳我的错误，
再重新接受之前那个故事。更糟糕的是，2015 年我写完
这本书的时候，一项新的研究采用了 1985 年就已经过时
了的方法高兴地得出了大家都爱听的那个结论。在科学
文献中，故事的大河会妨碍科学的真相。每位优秀的科
学家都知道这一点。

13

但是叙事训练需要不同的思维方式

叙事的训练才是解决之道。实际上，当我们想到体育训练的时候，我们可以类比叙事，称之为"叙事健身"，这是实现终极目标的必由之路。我有几位教授即兴表演的朋友也说过类似的话。他们认为即兴的技巧就像肌肉，你需要通过多次的、长时间的艰苦训练才能获得。一次练习不会获得终身的即兴的技巧，"叙事健身"也是如此。

《连线》一书的另一位作者布莱恩·帕勒莫即使早就已经有过即兴的技巧训练，但还是每周一次持续进行练习。他成为底层喜剧团（Groundlings）的成员，在那里不停地训练自己。十四年来，他成长为六位主要演员之一，每周三晚上表演《疯狂叔叔乔伊》，每周不间断。他是了不起的即兴表演演员，但他首先会告诉你这一切都是因为他持续进行"即兴表演健身训练"的结果。

对叙事来说，我也推崇类似的精神，但还是有一点儿区别，我没见到其他任何人会从这个角度教你讲故事。许多书籍和工作坊讨论怎么讲故事。他们请来讲故事方面的大专家，但不会考虑训练的逻辑。这就是问题所在。

如果你真的想学习这件事，你要付出的就不仅仅是一次为期一天的工作坊或培训班。一天时间足够学习基本的规则并记住它们，但完全不能达到肌肉记忆的水平。

一日工作坊不仅是时间上不充分，可能对一些人还有潜在的负面效果。我曾经和一家政府机构的几位负责传播工作的人士有过一次很不愉快的电话会议经历。他们邀请我和我的合作者多莉·巴顿参加他们的大型电话会议活动，与会者有五十人。在准备阶段，五位工作人员和我们进行了半个小时的热身。

多莉在讲述关于约瑟夫·坎贝尔的故事和她的故事线索生成器，但是他们打断了她。一位工作人员说："我们之前听过这些，我们举办过两次讲故事工作坊，我们知道故事中的全部九个元素。"

　　抛开这是我遇到过的科学组织中态度最为粗鲁的不谈，这一观点本身就是错误的。不存在什么"故事中的九个元素"。多莉为她的故事线索生成器模板构造了九个元素，她还没有公开发布过，但更重要的是故事中元素的数量完全可以改变。

　　真正的问题在于他们觉得"我们之前听过这些"。

　　我遇到越来越多的人，他们参加过、做过、听到过一日工作坊里的所有内容，而且觉得自己已经掌握了讲故事的核心思想。我已经在这条道路上花了二十五年的光阴，但依然觉得我才刚刚开始入门，可是竟然有人很确定他们已经在一天之内学到了所有的东西。是我学得太慢了吗？

　　这还远远不是格拉德威尔的一万小时理论。叙事是伴随一生的，没有人可以彻底掌握。我用图 16 可以表达这一点，这幅图太简单了，简单到有些愚蠢。图像中的直线可能在人生命的终点之前才会达到顶峰。极个别的优秀小说家会在他们人生的最后几年写出他们最好的作品。而且，今天我们面对着变化的传播环境，这意味着叙事的整套体系可能随着时间都有所变化。

　　谁知道呢？问题在于，有些关于成为"讲故事大

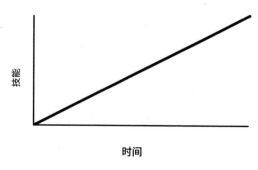

图 16　叙事的学习曲线

师"的夸大的广告宣传，我们对此要谨慎对待。即便是斯皮尔伯格也讲过没什么意思的故事。这场挑战没有止境，所以我对你的全部要求就是，你不要有"我会讲故事了"的态度。不，你还不会讲故事。

古已有训，兼听则明，温故而知新。这是有效的教育的核心，也是有效传播的意义。做电视媒体的朋友告诉我，人们在开始对什么东西感兴趣之前，要看上四到七次电视广告才行。这也是类似的道理。

现在你可能想起了早些时候我们说过的发展叙事的需要。你可能想知道我为什么呼吁要一遍又一遍地重复这件事。是因为叙事的发展失败了吗？

在教训和失败之间有一个重要的区别。如果你有着清晰的中心主题，你可以从五个不同的角度看待这个主题，你有潜力得到特别有意义的教训。但如果你只是从一个点上一遍一遍地重复相同的方法，你便是在发展叙事方面失败了。这很无聊，而且单调。而且完全变成了And And And 式的展示。

回到一日工作坊，我担心这些工作坊不会起到什么作用。对，工作坊很有意思，而且短时间里让人兴奋，但工作坊给了人们一些误以为会长期有效的错误信号。如果你想学习叙事，你必须深入地长时间地付出。

再说一次，叙事能力就像肌肉。你可以不再参加一日工作坊模仿别人，而是换成一小时的叙事逻辑的练习，这会更有意义。

如果你真的希望接受我关于这场挑战的高度的信息，那么你也需要考虑学习如何改变自己的整个叙事体系。最终的解决方案不在科学界里的几个老男人那里（包括我自己），而是在思想还没有僵化的下一代身上。

直觉开始得早

让我们说说冲浪吧。在我做海洋生物学家的那些年里，冲浪是我最害怕的运动。我一次又一次来到海上，那里有世界上最好的海洋生物学实验室。但几乎每个实验室里最终都有一组人想去体验冲浪，我觉得加入他们成了我的义务。

体验非常糟糕。那是一个尴尬、潮湿而危险的下午。我笨拙地趴在海浪上，完全不知道应该干些什么，只是被抛起来，被扔下去，再被重重一击。我记得在夏威夷、北加州、波多黎各和澳大利亚（虽然不是南极）做过这样的事。这次我就只是勉强提一提这种运动而已，断然不敢说是玩过冲浪。

我爱海洋，海洋总是令我着迷，我梦想着有一天可以站在舢板上，在波涛中穿行。当我搬到洛杉矶进入电影学院的时候，我最终克服了对冲浪的恐惧，实现了冲浪的渴望。当时，我46岁了，每个周末和两个好朋友去冲浪，每周如此，每年如此，坚持了十多年。我对这件事十分认真，我搬到海岸边，住进一幢与海浪投石可及的房子里。最终，我学会了在短板上冲浪，再也不会窘迫。但我无论多么努力，也还是比不上那些在学校里就开始冲浪的年轻人。

实际上，和我一起冲浪的一个朋友去年和我在尼加拉瓜的25英尺的惊涛骇浪中漂流，这远远超过我能驾驭的高度。我觉得根本不会有人能驾驭得了。直到我们到了那里，看到十多个青少年若无其事地从一座楼那么高的浪头里冲下去。

我的观点是，这就是直觉的问题，靠经验获得收获，而经验在年轻的时候比 46 岁的时候要容易形成，效果也更好。年轻人就像一张白纸，他们不需要重新改变自己的传统思维。

在冲浪中，我需要知道海浪会把冲浪板带往何方。像我这样的老家伙，我们研究波浪，试图在脑海里搞明白规律。但我看那些孩子们，他们只有十来岁，就只是冲下去而已。他们根本不去思考。他们已经靠感觉来实现冲浪了。

这就是科学界需要的东西——年轻的科学家，他们已经完成本科教育，已经发展出直觉来处理叙事结构的基本规则。他们已经深刻地吸收了这本书的基本原则，他们对阳性结果和阴性结果的不同后果有清晰的理解，这种能力可以用来直觉地感受论文的摘要的叙事太少了还是太多了。

科学界需要那些投入一万个小时努力掌握叙事的科学家。从年轻的时候开始做，不是不可能做到的。我第一次读到格拉德威尔的一万小时理论的时候，我认为我已经见识了最伟大的讲故事者——堪萨斯大学的好伙

伴。那些家伙用着爱尔兰人在酒吧里用的节奏和律动讲
故事。他们中最出色的人成长于 20 世纪 60 年代堪萨斯
西部的农场，一辈子都在讲故事。

我确定的是，他们来到大学的时候，已经经历了
一万小时的历程。他们可以在嘈杂的酒吧里讲述农场的
传奇故事（当然这些故事总会涉及成人内容），让大家都
安静地听。他们从年轻的时候就是讲故事者，已经真正
地具备了叙事的直觉。

在科学界，早一点引入叙事，从本质上重新塑造新
生代科学家，使他们能够更有效地对同行和公众传播科
学。他们也会减少对假阳性的依赖，减少用无聊的方式
发布阴性结果，这会帮助他们对抗出版物对这些阴性结
果的偏见。

无论你是在给学生上课，还是作为科学家利用叙事
健身来完善自己的工作，同样的练习都会管用。这种练
习贴合了好莱坞故事理论的核心，也贴合了科学的行为，
我为科学家中存在叙事缺乏症的人们推荐这些练习。我
称之为"故事圈"。

14

因此我推荐故事圈

我坚定地相信，叙事缺乏症是科学面临的最大的问题。你已经看到引发叙事缺乏症的原因是缺少科学叙事的训练，其效果是研究机构中没有叙事标准。叙事标准的缺少意味着你可以用无聊的、令人困惑的方式讲科学报告，却没人对此说一个不字。我在我去过的很多地方听到过这样的抱怨，"《科学》和《自然》杂志，今天我这个领域所有的东西都言过其实"，或者，"我们中有些科学家的报告展示特别糟糕"。

这是两件事。首先，在个人的层面上，我们可以用叙事训练来构建叙事直觉，这是我呼吁的长期解决方案。其次，在研究机构里，我们可以开始着手建立叙事文化。

在组织和大学的院系或研究所里，有了叙事文化，意味着可以一睹那些接受过叙事训练的人的风采，那些人已经发展了基本的叙事直觉，现在可以形成规范了。他们了解叙事模板（参见附录 1），他们用通用的叙事词汇（参见附录 2）说话。这时机构内就会形成一定水平的叙事凝聚力。

这不是特别困难的事，只是需要了解每个步骤。要想实现这一切，就请参照我给你写的处方。

故事圈：建立叙事文化的方法

想象这样一家机构，里面每个人都善于抓要点（做事简练），把精力集中在重要的事上（让人信服）。想象一下，可以交还一份手稿然后说："老实说，这有一点太 And And And 了，而且太支离破碎。"再想象一下，一群人坐在一起开会，开始讨论的时候有人说，"这是我们的问题——目前我们在项目的微情节上遇到了一些问题，我们正在商量处理"。

这是很有可能的事。通常来说，那些没有很好练习叙事结构的人会得到礼貌的提醒。这样就能形成一种相互促进的氛围，通过彼此的协作，指明一个团体的努力方向。

如果一家机构实现了这样的状况，就可以说已经建立了叙事文化。我曾经遇到过一家机构，我和几位主管谈过，他们梦想自己的机构成为具备叙事文化的所在。在一家大型水族馆里，我花了两个小时和工作人员讨论这个问题："如何在这里建立叙事文化？"

一开始可以利用工具，然后需要更多延伸的含义。但我要呼吁的是，我们要摆脱传统的思维方式，朝着传播信息的方向出发。

教授讲故事的标准方法包括从工作坊参与者身上挖掘大量的令人兴奋的信息。参加工作坊的体验会让他们回家后觉得，"哇，脑子要爆炸了，因为今天学到了太多的东西"。但一周之后，他们通常已经不记得多少了，而且很难再次回忆起来。

对此我有过很痛苦的个人经历。我制作了一部关于"二战"的纪录片，影片反映了我父亲参与过的一部分战争。我和一位编辑一起工作，即便我们如此聪明，也还是弄出了一部 AAA 和 DHY 结构结合的电影。作为测试，我们在小剧场里给 30 人播放。之后让他们填写反馈问卷。他们极力赞扬这部影片，我得到了自己所有测试过的电影中的最高分。在放映后的讨论中，人们好几次说，"这部电影蕴含着深刻的东西，有着太多的层次，我需要好几天来真正消化它"。

我们曾经觉得这是恭维话。用了一年时间我们注意到其实不是。相反，这给我们亮了红灯，我们说得太多了，影片太复杂了，信息太密集了，结构上太多变化了（"然后，然后，再然后"）。这真的很难。这部电影我还没有做完。复杂的东西可以一时有意思，但无法长期让人感兴趣。

我提倡的教授叙事的方法只有很简单的几步。只要每个人都练习，练习，再练习，这样回家之后你的大脑不会觉得过载，而是可以重新回顾那些材料，一周以后，还可以想起来不多的信息中的绝大部分，它们会添加到你更深层次的直觉中去。

你可以看到我为什么把这个过程与健身相提并论。"叙事健身"的结果就是叙事直觉。

科学界的故事圈

研究机构如何在科学项目中执行叙事训练（练习，练习，再练习）？基于我在电影界的经验，我推荐建立小型"故事圈"，如同一种文化上的熏陶，不仅关注故事本身，同时还有广泛的叙事技巧设计，最终实现叙事直觉的发展。我在很多所知名大学推广过故事圈，参与者正在走向科学叙事的成功。

故事圈过程的核心是"深化故事"（Story Development），这是好莱坞每天的日常活动。每年好莱坞写出无数的剧本。大部分都需要"进一步深化"。许多剧本落入"深化的泥沼"，不停地写呀写呀，或是彻底重写，年复一年。如果你问一位编剧他们伟大的剧本会遇到什么，最好的情况是他们告诉你剧本正在"调整中"，最坏的情况是"陷入深化的地狱"，这意味着这部剧本可能要么将永不见天日，要么被反反复复地修改，然后重新上架。

当然，现在我不是在谈论用好莱坞的程序深度地修改剧本的问题。我所要说的是在一开始必须意识到，深化故事就是你如何实现叙事直觉的过程，而且深化故事在团队流程中才能发挥出最好的工作状态——故事圈由此而来。

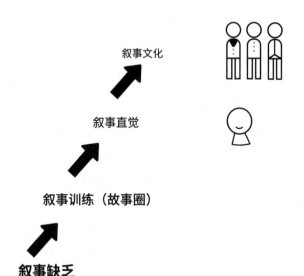

图 17　叙事能力的发展路径。利用故事圈中提到的叙事工具进行叙事能力的训练，实现叙事直觉。如果你的周围有足够多的人遵循这样的路径，你会建立起一套自我实现的叙事文化。

　　在电影学院，他们按这种需要编排成小组工作，让我们第一天就深入其中。他们在第一天就抛给我们一句格言，"电影是合作化的媒介"。意思是说，你可以尝试一个人制作整部电影，但这么做非常愚蠢，而且你可能会因为感觉有点失常而告终——一个小小的突变，就是不太对劲。基本上，你最后得到的产品是"样样皆通，样样稀松"。

如果你是天才，你的个人能力可能会实现整件事的70%，但之后你需要别人的帮助。他们帮助你发现盲点，指出你的误解（你觉得某件事有趣，但实际上观众不觉得）。他们帮助你的声音获得更广泛的认可，达到更宽泛的理解。

与其他人合作，你能收获所有这些益处。这不是轻松的过程，但非常必要。这个过程也会养成合作意识，这是作为科学家在你的生活中必须具备的技能。

所以我在这里的初步建议是：建立一个小组，小组成员可以定期见面，练习叙事的基本元素。我推荐这个小组容纳五个人，如果可能的话每周见面一次，尝试着用十个星期来慢慢入门。前几次会面可能看起来收效甚微，但值得等待，最终我们会获得一些不一样的收获。

首先，小组可能会越来越单调和乏味，让人觉得"怎么又是这些东西？"但最终可以取得突破性的进步。是什么让我坚信故事圈的成效的？我刚到电影学院的时候，参加了一个为期两年的密集的梅森尔（Meisner）表演项目。我在《别做那样的科学家》中提供了这个项目的核心思想。在我参与该项目之前，曾经的一位研究生警告我将会面对不同寻常的东西。她说，"你会在夜里开车回家，感到无聊和压抑。但你也会在某些夜晚开车回家的时候说，'我明白了'，你会感觉到灵光一现"。

她说的一切对我而言都真的出现了。有些夜晚是折磨，但有些夜晚绝对有突破。那些有所发现的特定的瞬间，就像发明大使。我盯着远方说："太棒了，我明白了。"这样的瞬间，就是构建天才的直觉的时候。这样的收获不会很快出现，总是随着时间的积累慢慢发生。在起起伏伏的变化中，在反复的重现中才会发生。

演员了解直觉

如果说存在这么一群人，他们了解如何用直觉分析问题，那绝对是演员群体。糟糕的表演本质上就是大脑的思想，而不是直觉的表现。就像我疯狂的表演课老师对着我大喊："你太依赖头脑了！"尤其是我，这个曾经的学院派。

梅森尔技术的重复的方法是特别有效的。你可以听到数不清的演员对此赞不绝口，从格里高利·派克（Gregory Peck）和格蕾丝·凯利（Grace Kelly）到米歇尔·菲佛（Michelle Pfeiffer）和詹姆斯·弗兰科（James Franco）。

我推荐把每个星期的小组时间分为两部分，就像是分成"他们说"和"我说"两部分。前一部分作为热身，包含"他们说"。参与者用叙事光谱分析科学论文的摘要。小组成员分享摘要文字，查看它的结构，确定它是AAA还是ABT或者是DHY。每次诊断，叙事结构的直觉都在肌肉记忆的层面更加深入了一小步。

第二部分是"我说"。在这一部分，每位小组成员分享他们各自的故事。这个故事可以是个人在研究项目的旅途中的真实故事，或者是整个研究项目的故事。与其给出完整的演示报告，不如个人简单地用ABT模板展示项目、学习、计划，或者别的什么正在工作中的内容。

当个人采用ABT叙述的时候，小组中的每个人都要倾听，然后尽最大的可能，别去批评或挑剔，而是问讲述者最本质的问题，比如"什么是最重要的问题？""是否已经在精确性和引人入胜之间取得了最佳的平衡？""是否太宽泛了以至于缺乏力量？""叙事向前推进了吗？""是否有情感内容可以被关注？"

最后一个问题带来了段落模板中的某个元素，即"有没有哪一个瞬间可以更深入地发展下去？""是否存在一个有缺陷的主角可以进一步采取行动？""有没有最黑暗的时刻？"

一旦ABT充分建立起来，小组就可以开始用杜布赞斯基模板处理词汇。有没有一个词或短语可以概括故事的核心？可能不存在这样的词，但首先你如果不深入思考就永远也不会知道。其次，有了别人的推动的帮助，你可能思考之后就会发现这样的词。

开放的一日工作坊只是朝正确方向迈出的第一小步。我可以用一天的时间激励每个人，但一周之后，我所教的大部分东西都会蒸发掉，你的头脑中不会留下太多内容。但如果你持续用故事圈开展工作，强迫你每星期沉浸在核心概念中反复练习，彼此互助，将会推动每个人朝着叙事直觉的方向进步。我能提供给每个人的最终目标是，卓越和完美的叙事成就。

这些会让人感到无聊吗？如果内容持续更新就不会。我为市场专业服务协会举办的工作坊有 30 名参与者，我们围坐一圈，大声朗读彼此的 ABT。我曾经想，随着时间的推移，人数会不会减少到 26 个，大家都会感觉，"这三个字母简直听够了"。但这样的事没有发生。

由于每个 ABT 都是新颖的和有趣的故事，所以从来都不会显得无聊。这三个字母，是实现结构的脚手架，虽然看不见，但支撑着内容。我们再说一次，这就是故事的力量。

叙事训练可以通宵达旦吗？

我疯了吗？在好莱坞的 20 年让我丧失了基本常识吗？我真的认为自己可以对科学中的叙事缺乏症产生影响吗？

也许。但我能保证的一件事是，这么做一定是要花时间的。科学是无与伦比的专业工作，靠委员会运作，由同行评议审查，保证了创新性方面的严谨可靠。

科学是怎样缓慢变化的？科学哲学家托马斯·库恩（Thomas Kuhn）在 1962 年标志性的著作《科学革命的结构》（*The Structure of Scientific Revolutions*）中描述了科学变化的模型。他提出了"范式"的概念，这是一种存在于科学中的思想，非常牢固，变化很缓慢。但是，他也注意到范式转移的特征，在一个方向上积累了足够多的证据就可以达到某个临界点。这个时候，科学就会急速变化。

现在让我们看一看科学界如何通过叙事发生变化。这种变化会很迅速吗？当某种好的思想被引介时，大家都说，"好主意，我觉得我可以就此改变什么！"或者变化是缓慢和稳定的？（与演化的经典问题基本相同——变化是逐步发生的还是短时间内迅猛发生的？）

跳回到本书的开头，我们再看一看第 10 页上的图 1。
我们现在已经走完了我们的整个旅程。重新审视这张图
的形状，随着时间的改变可以告诉我们什么？经过 40 年
的积累之后出现了临界点？或者有没有 40 年致力于完全
接受 IMRAD 的努力之后的中间状态？

不，我恐怕你所看到的图像痛苦地反映出科学的保
守本质。它几乎呈现为一条直线，一个缓慢的稳定爬升
的变化。在中间环节可能存在一些有影响的点，但不多。
我猜编辑们一年又一年在不情愿地屈服让步。悲哀的是，
这对我来说意味着我只能期待在我 110 岁生日的时候，
看到人们完全采用 ABT 模板来写作自己的论文摘要。

打造完美的科学家

我所谓的完美科学家究竟指的是什么意思？我用了
特别多的时间来批判科学家和科学界，以至于一些人会
问："那么专家先生，你究竟想要我们怎么样？"问得
好。我有明确的答案，就像我们的"讲故事连线工作坊"
那样，我把问题分为两个维度——大脑与肌肉。

对于完美科学家的肌肉部分，我提供我在 AAAS-Lemelson 创新大使们身上的所见所闻。他们是行为榜样——非常聪明、非常有纪律、非常有批判精神的科学家，他们也极其富有创造性，思考广泛，能有效地倾听，能深入思考语言背后的含义，最重要的是，他们与其他人相处得很好。

过去几年里我认识上千位科学家，在过去十年的工作坊里与几百位科学家合作过。其中六位科学家特别与众不同。

作为初学者，他们采纳所有布莱恩·帕勒莫在我们的工作坊里教授的那些即兴内容。他们跟大部分科学家不同，他们倾听，而且尽最大努力积极地（不加否定）吸收。我在给他们的报告做笔记的时候看到了这样的细节。

他们合作。第一天他们一进房间时我就发现了这一点。你能看到他们彼此如何对团队成员感兴趣。他们彼此问问题，真的在倾听各自的回答。没有人试图凌驾于其他人之上，他们特别谦卑。

他们毫无疑问还是发明家，充满创造性。当我对他们的故事提出建议的时候，比如，"你能给我们讲讲你一开始是怎样对纳米技术感兴趣的吗？"他们没有抗议（"我为什么要说这些，没人会觉得这有意思"），他们听

知识丰富
不善倾听
注重当下
敏感
纪律性强

情感丰富
善于倾听
具有创造性
善于合作
草率

图18 完美的科学家。完美的科学家在光谱的两端都非常强大 —— 有丰富的创造性，有倾听的能力，对人性的内容敏感，也依然具备勇猛和一针见血的思维以及有纪律的意识，最终产生经得起考验的科学知识。

我的问题然后回答，"我能不能这样说……或者我能否这样说……"他们当中没有人接受过即兴的训练。

有时候我觉得我好像在上即兴表演训练课。即兴训练的标准练习是"再想一种"，当参与者说什么的时候，比如"我买了一辆新车……"导师大喊"再想一种！"演员就要提供新的选择（通常要增加戏剧化），说，"我买了一辆新卡车……""再想一种！""我买了一辆新坦克……"优秀的即兴演员可以立即再想一种，毫不迟疑。糟糕的演员会停顿，思考，卡住。

当我要求新内容的时候，这些科学家没有卡住也没有迟疑，切换模式，提出一个又一个新想法。在每处细节他们都表现出即兴表演训练的状态。

这不是巧合。即兴本质上是一种创意，发明家具有高度的创新能力。创意要求你"清空头脑"，关掉来自光谱一端的大脑的机械性否定。这些人的生活靠创意驱动着——他们看到问题，启发创意，诉诸解决——让这一循环成为直觉，探索无止境的主意，而不是自我封闭，目光短浅。

我和他们一起工作，改变了我关于科学家的观念和乐观看法。我过去认为成为好的科学家并且富有创造性是有可能的，但现在我疑惑了。

完美科学家的另一项资产是这本书要传达的核心信息——叙事直觉。我没有时间和资源对最近的诺贝尔奖得主投票，但我猜你可以看到他们有着强烈的叙事直觉，尤其是我着重提到过的兰迪·沙克曼和詹姆士·沃森。这不是巧合。

完美的科学家除了把叙事结构用于传播之外还能更有作为。他们也会对科学方法的叙事层面有深刻理解，他们将对假阳性和无法发表的阴性研究的现存问题施加影响。

所有这些训练对一位科学家都是可能的，今天也已经有很多这样的例子。他们付出额外的努力耕耘，这就是为什么科学家需要从科学生涯的一开始就被传授叙事方法和鼓励关注叙事问题。优秀是可能的，但只会产生于训练，以及正确的观念。这些将我们带回到宏观层面上来。

生命的角度

斯蒂芬·杰伊·古尔德是我迄今为止见过的最伟大的科学家。对我来说，他就是完美的科学家的典范——至少在他职业生涯的早期，20 世纪 70 年代末，我有幸在他身边工作过足够长的时间。他的大脑（48 岁入选国家科学院）和肌肉（充满了幽默感，令人印象深刻）都十分发达。但是他的职业生涯结束于一个悲伤而重要的故事，我在本书中也讲到了这个故事。他最终自食其果。

古尔德的整个职业生涯都在警告科学家的人性弱点。25 年来，他每月为《博物学》杂志撰写名为《生命的角度》的专栏。在他的专栏里，他讲述了皮尔丹人的传说，"产婆蟾的故事"，甚至致敬拉马克这位早于达尔文并经常因错误的演化理论被嘲笑的人。从很多方面而言，他一生的工作就是在诉说，"如果你不能理解科学家的人性弱点，就无法理解科学家，那些渴望讲述大故事的科学家可能是最伟大的人"。

1978年（我第一次见到他的那一年），在他发表于《科学》杂志的一篇论文摘要的末尾，他警告："无意识或模糊的观念实际上可能是科学的地域病，因为科学家是植根于文化背景的人类，而不是直接获取外部真理的机器。"但这就是他的不幸。

在他去世几年之后，有人言之凿凿地指出，古尔德本人就是这种弱点的牺牲品，他最重要的畅销书《人类的误测》（ *The Mismeasure of Man* ）中已经有所体现。在这本书里，古尔德指控19世纪生理学家塞缪尔·乔治·莫顿（Samuel George Morton）在测量头盖骨容量的方法上有种族主义偏见。我清楚地记得古尔德在周二午餐会上兴奋地给我们讲他"篡改"了莫尔顿的数据。你可以在他的眼中看到他已经发现了一个好故事。

2011年，两位人类学家重新检查了古尔德的分析，发现实际上是古尔德要对数据的偏见承担责任，是他为了讲故事而使数据有利于自己。他们在报告中得出结论："讽刺的是，古尔德对莫顿所做的分析更像是偏见影响结果的加强版案例。"我们不清楚古尔德是否故意为之，但清楚的是，他对指向假阳性的工作有偏见。

这是古尔德唯一出现错误的报告，但它证明了即使是最伟大的科学家也会受害于大脑的叙事程序，所以每位科学家都要警惕人类的弱点，以避免这种情况危及科学过程。科学家能实现这个目标，但不是靠在科学中屏蔽故事，而是要直面故事，充分地理解故事。

因此……（作为本书最合适的结束语）……在古尔德每月专栏的标题《生命的角度》的精神感召下，我希望我给你带来了至少一点不太一样的生命的角度——现在可以从叙事的角度重新看待身边的事物。如果你开始聆听和看待各种"故事"，看看它们位于叙事光谱的什么位置，这就更棒了，比如你每天在新闻里听到 ABT。我最近每天从电视台听到的故事差不多是这样开始的，"办公楼的反光玻璃对环境很有效而且已经非常流行，但是反射的阳光会给相邻的建筑物造成麻烦，因此……"

我也希望你看一看科学研究中（至少是问一问）是否存在原型情节 / 阳性结果 /ABT 结构还是微情节 / 阴性结果 /AAA 瞌睡虫（当然，这样有时候可能还是要比歪曲真相好一些）。一旦你做出决定，整个新世界就将为你开启。

如果你能靠自己分辨其中的不同，你可能就进入了叙事直觉的层面。叙事直觉保证你避免了我警告过的科学研究和传播中的错误。如果你能改变视野，就能彻底改变你的生命的角度。某一天，当你回望"地球"，你会和你的"地球"同伴解释你前往遥远的"星系"所作的事，你可以呼喊：

"休斯顿，我们有叙事（故事）了。"

叙事工具

词 汇

杜布赞斯基模板

如果不从 _____ 的角度思考问题，_____ 的一切都毫无道理。

句 子

ABT（And But Therefore）模板

_____ 而且 _____，但是 _____，因此 _____。

段 落

故事线索生成器模板

（多莉·巴顿开发）

在一个平凡的世界里，＿＿＿＿＿＿＿＿＿＿＿＿＿

一位有缺陷的主角 ＿＿＿＿＿＿＿＿＿＿＿＿＿＿

遇到灾难性的事件 ＿＿＿＿＿＿＿＿＿＿＿＿＿＿

这件事颠覆了他／她的世界，但是在作出评估之后，

＿＿＿＿＿＿＿＿＿＿＿＿＿＿＿＿＿＿＿＿＿＿

主角决定采取行动，＿＿＿＿＿＿＿＿＿＿＿＿＿

但是由于增加了风险 ＿＿＿＿＿＿＿＿＿＿＿＿＿

主角必须学到教训 ＿＿＿＿＿＿＿＿＿＿＿＿＿＿

为了对抗反派 ＿＿＿＿＿＿＿＿＿＿＿＿＿＿＿＿

实现目标＿＿＿＿＿＿＿＿＿＿＿＿＿＿＿＿＿＿

ABT 词汇

Agreement 一致	Contradiction 转折	Consequence 结论
AND 并且	BUT 但是	THEREFORE 因此

附录 2

叙事词汇

叙事光谱

AAA——"And, And, And"，意味着结构上没有叙事

ABT——"And, But, Therefore"，最优的叙事形式

DHY——"Despite, However, Yet"，意味着过度叙事，具有太多方向

杜布赞斯基模板——找到信息的主题 / 核心的工具

一堆事实——用 AAA 结构得到的结果

没有建立有意义的图景——缺乏主题时的后果

场景——一系列事件发生的场所

叙事——为问题寻找解决方案而发生的事件

叙事光谱——叙事结构的范围，从没有叙事到最优，再到过度叙事

阴性结果——没有显示出明确特征的科学发现

阳性结果——显示出明确特征的科学发现

主题／核心／信息——通往叙事的充分元素

故事圈——由约瑟夫·坎贝尔首先描述的英雄之旅的 12 个部分

故事线索生成器——故事的另一种模板，由布莱克·斯奈德的《救猫》推导出

麦基三角形

麦基三角形——用于故事的叙事结构概念化的工具，来自罗伯特·麦基的《故事》一书

原型情节——古老的、广泛应用的故事结构，可以获得大量的受众

微情节——原型情节的反面

反情节——完全不考虑情节（如文艺电影）

附录 3

推特故事

推特的文字长度对叙事结构来说理想吗？

ABT 可以帮助回答这个问题。在我们的"讲故事连线工作坊"里，我们请参与者带来他们各自的故事。在准备阶段，我们用 ABT 结构套在他们带来的故事上，他们改进后用电子邮件发给我们。我们统计了每个 ABT 中写到的角色的数量，然后计算不同组故事的平均长度，这个数字比一条推特 140 个字符的两倍还多（如图 19 所示）。

那么，如果最基本的叙事结构的单位是推特允许的最大长度的两倍，那为什么要规定推特的限制是 140 个字符？这是由国际上的叙事专家决定的吗？最伟大的传播领域的头脑可以在一起决定短小精干的叙事的优化长

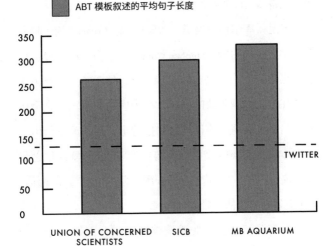

图 19 ABT 长度与推特长度。每组至少有 20 位参与者。
SICB 是整合与比较生物学会，MB 是蒙特利湾区水族馆。

度吗？

　　不。推特的长度来源于手机短信，短信长度大约是
140 个字符。2009 年马克·米兰（Mark Milian）发表在
《洛杉矶时报》（*Los Angeles Times*）的报道中，德国计算机
先驱弗莱德海姆·希尔布兰德（Friedhelm Hillebrand）于
1985 年确定了短信的长度，使其满足最基本的表达。他
基于两个原因得到这样的结果——明信片上（例如"斯
图加特很有意思，真希望你也在"）和电报（例如，"车

祸，快寄钱"）的文字长度。

但是《库尔伯特报道》（*The Colbert Report*）的主持人史蒂文·库尔伯特（Stephen Colbert）亲身经历了没有叙事的媒体造成的后果。2014 年 3 月，他讲了一个有关华盛顿红皮队名称争议的笑话，一个冒名的亚洲基金会认为队名有失尊重。争议出现在推特上，但是没有给出上下文（缺乏完整的笑话的叙事内容）。这场争议随之引起热议，库尔伯特在之后的一场节目中说："谁能相信，140 字限制的传播会带来误解？"

为了澄清问题，他邀请推特的联合创始人之一比兹·斯通（Biz Stone）参与了他的晚间节目。在他们的讨论中，斯通承认推特的文字长度限制经常无法表达完整的思想。作为回应，他和其他推特工作人员正在考虑设计新版本的应用程序，新程序将允许用户发表更长的推文。我建议，长度可以允许 300 个字符，这是平均的 ABT 长度。

致　谢

我笃信讲真话，尤其是来自科学传播的真话。为此，我要给你们讲一个人的故事，他给我上了痛苦而诚实的一课。

2010 年春天，在我访问锡拉丘兹大学期间，我见到一位疯狂的温室经理，他叫特里·艾丁格（Terry Ettinger）。我来到他的办公室的时候，他举着一本《别做那样的科学家》，作出疯子一样的表情。他开始抱怨，"你不懂，我从来不看书，我的朋友让我看一看你的这本书，我一读就放不下了，你知道这书好在哪吗？"

我没回答。他继续说，"因为你告诉我们，我们需要讲充满幽默和情感的故事，你通过讲述充满幽默和情感的故事的方式来告诉我们这些。"这真是令人感激的评价。

三个小时之后，我给报告厅里的教职工和学生做完报告之后，他又出现了，在最前排高高地举起手。我很高兴地首先叫他提问。他站起来，转身背对着我，又说了一样的充满热情的对我的书的评价。我看下讲台，心生骄傲……直到他转过来面对我，表达的内容从喜悦转变为厌恶。

"但是现在，"他说，"我不得不尖锐地告诉你，你今天在这里给我们讲的这些……实在是……太无聊了。你没给我们讲任何故事，没有任何幽默感，也没有任何情感……只有无聊。"

忠言逆耳。报告厅另一侧有位女士试图为我辩解，但是我想说，"请坐下，这位女士，他是对的"。他真的是对的。我做了一场彻底的"And And And"式的演讲——一股脑地出现了我自己警告过别人的所有问题。基本上就是说中了我书中的每一章——没有幽默感，缺乏情感，没有故事，更糟糕的是，完全没有叙事。休斯顿，我们有麻烦了。

我要感谢特里·艾丁格的鼓励和他的当头棒喝。在科学传播领域，我还要做太多的努力（虽然再略微圆滑一点儿也许更好）。在所有的内容中寻找叙事结构是一种挑战。这就是这本书所贯穿的信息。因此，对那些帮助我找到贯通的完整叙事的关键人物，我欠他们太多太多。

在这份要感谢的名单的首位，是布鲁斯·列文思汀（Bruce Lewenstein）、詹宁·劳伦特（Jennine Lanouette）和杰瑞·格拉夫。布鲁斯启发我注意到 IMRAD 的首字母缩略，我在 20 年的科学职业生涯中对此茫然无知。詹宁启发了我对三段式结构的认识，虽然此前我已经获得了电影学硕士学位，但依然对此毫不了解。杰瑞启发了我 DNA 的想法，我用了一辈子和每个人争论却对此缺乏认识。

其次我要感谢的是麦克·奥尔巴赫（Mike Orbach）和格里·格里克斯（Gary Griggs），因为他们敢于冒险前往别的科学家不敢涉足的领域——和我一起在海岸与河口研究基金会主持海平面上升讨论会。为了避免你们好奇，我和他们分享了这本书里所有涉及那次讨论会的细节，他们表示同意。我真的是展现了全部的过程，包括有趣的和经典的"我们不特殊"的那封邮件。另外，还要感谢梅根·巴立夫（Megan Baliff）组织了那次活动。

这本书某种程度上是一个"集体创作"的结果，许多素材来源于人们参加我的讲座之后所贡献的知识。一个例子是提姆·欧立夫（Tim Olliff），他在蒙大拿州立大学听了我的演讲后，给我讲了国家公园管理局的事情，我将其用在了第 12 小节。许多人为这本书做出了贡献，包括我的读者团队贝克·吉尔（Bec Jill）、杰德·拉维尔（Jayde lovell）和斯蒂芬妮·尹。

接下来要一并感谢的人们，几乎也全都出现在我前两本书的致谢中，他们始终倾听我的问题并给予我支持。在此基础上还要加上的是我擅长讲故事的好朋友派克·霍威，我的"讲故事连线工作坊"联合创立者多莉·巴顿和布莱恩·帕勒莫，我长期的好莱坞支持者克莉丝汀娜（Christina）和芳恩（Fawn），以及在科学界看着我从事如此琐碎的工作却依然提供无价指导的戴安娜·帕迪拉（Dianna Padilla）。我还要感谢我最尊重的记者菲利普·马丁（Philip Martin）、安迪·列夫金和大卫·H.弗里德曼（David H. Freedman）。

最近几年我结识的两个重要的新朋友是美国科学促进会的雪梨·马尔康（Shirley Malcom）（她知道如何看待我的棱角）和她的死党麦克·斯特劳斯（Mike Strauss）。感谢我的故事圈合作者杰德·拉维尔，他帮助我形成了这本书中大量的思想、信息和观点。感谢我的好友和一如既往的支持者萨曼莎（Samantha），她给予我大量灵感。

和我的前一本书一样，万妮莎·梅娜德（Vanesa Maynard）制作了很棒的插图。另外感谢查维斯·赖特（Travis Wright）的独眼巨人画。

我亏欠我的编辑克里斯蒂·亨利（Christie Henry）太多，她为我的第一本书写了很棒的拒绝信，我为此急切地转向了芝加哥大学出版社。她带领了一个优秀的团队负责这本书的出版工作，李维·斯塔尔（Levi Stahl）作为营销主管想出了这本书的标题（我怎能如此幸运？营销主管在本书中也投入了创意），艾萨克·托宾（Isaac Tobin）设计了美妙的封面，手稿编辑珍妮·弗赖伊（Jenni Fry）让内容真正具有可读性（我没有开玩笑）。

在此之外，最后的和最大的感谢，当然要献给我的母亲莫菲·慕斯（Muffy Moose）——她刚满 90 岁，还在对我说着这辈子一直在说的话，"振作点！"

译后记

新年过后，我的朋友圈被一所大学的宣传片刷了屏。在 7 分钟的高清视频里，大量精致的飞机航拍和珍贵的历史素材用来讲述这所大学的建立，然后发展了，然后改名字了，然后继续发展，然后取得了成果，然后又一个成果，学生可以这样，也有那样的能力，还能这样……7 分钟，无数个 AND，没有一个 BUT 或 THEREFORE。作为国内数一数二的研究型高等教育机构，院士、大师、科学家数都数不过来。航拍和解说也确实很认真。那篇文章的阅读量达到了 10 万。

但是然后呢？

我曾经参加过一个电视真人秀节目，在舞台上面对观众和镜头讲述我从事天文学研究和教学的故事，然后还要现场讲一节课。在彩排之后，导演问我，"听了你的课，然后呢？你讲的银河系跟我有什么关系？"不能回答这个问题，就不能让观众感兴趣。不能让观众感兴趣，我要讲述的所谓科学真理就不会被记住。

"然后呢？"这个问题我们小时候问过太多太多次。妈妈为了让我们睡觉，借着床前昏黄的灯光给我们讲小猪、小羊或是小红帽的故事。听到紧张的时候，我们问妈妈："然后呢？然后呢？"带着一个满意的答案，我们睡着了。这是我能想到的最美好的童年，这是我希望让我的孩子、我的学生、我的讲座的听众和论文的审稿人们得到的美好。我希望他们在读了、听了、看了我的"科学真理"之后心中暗暗问一句，"然后呢？"他们问了，就会听下去，看下去，记下去。他们没有问，就会有伪科学、荒诞的综艺、更好的论文把他们的注意力抢走。

《科学需要讲故事》对我而言，简直是在大旱之年发现了清泉。翻译此书的过程，是享受，更是愧疚。有多少作者警告过的错误我每天都在重复？有多少乏味的讲座让我违心地鼓掌致敬？有多少篇堆砌一长串"科学真理"的论文出自我的手？我忏悔，我没有利用科学共同体延续人类的讲故事传统。我感激，这本书给了我力量，让我能像作者说的那样，让内容"既简洁又引人入胜"。

有一位同行是非常杰出的天文学家。他说科学报告要讲故事（谢谢你），但是不能一直讲故事（开始失望了），因此讲故事只是用来调剂气氛和制造悬念的引入（很遗憾）。很显然，这位同行对讲故事有恐惧。我曾经也有过这样的恐惧。我担心，在科学中讲故事，不够精确，不够严谨，所以不够科学。只有 and and and，没有角色，没有 but，没有"然后呢"的陈述，才是"安全的"科学。直到我开始在大学教书，并拍摄了我的天文学传播纪录片《聊天》，我才意识到，我们必须讲故事，无论是表达科学还是哄孩子睡觉，故事都是必须，而非调剂。因为，我们的大脑有缺陷。

《哈佛非虚构写作课》里讲了一个小故事。埃塞俄比亚和苏丹的边境上有一个难民营。被战乱和干旱驱赶的人们步行几个星期，赶到这里求生，因为传说这里能找到水。可是等待他们的只有泥沼。孩子们用破布条沾满泥浆，再用力把泥水拧到罐子里存放。等待泥沙沉淀一些，就可以喝了。苍蝇在人们的眼角找水喝。每天都有几十个人死去，这里就是地狱。到了夜晚，呻吟和呕吐的声音，喊叫和咒骂的声音，让人们睡不着觉。可是，隐隐地，有歌声！甜美的歌声。那不是幻觉，每天晚上同一时间出现。那是什么呀？那是在讲故事。从各地迁徙到这里的村庄，保留着一个原始的仪式——晚间讲故事。时间一到，老人们招呼孩子们聚集起来，讲故事听，伴随着歌声。千百年来，他们的文化就这样传承下来。

人类早就发明了最好的传播信息的方式，这种方式让入睡的孩子有最美好的童年的记忆，让学生有最完整的知识记忆和学习兴趣，让读者和学术共同体看重你的工作。我们都需要讲故事和听故事。我们唯一记得住的知识，只能是包含在故事里的知识。我们唯一会感动的，只能是和自己有关联的故事中的情感。讲故事，是传播任何信息的最佳方式。科学也不例外，科学从来也离不开讲故事。当然，讲故事不等于编造故事，一个好的故事，精确、充满细节、引人入胜。

听到一个好故事，你会觉得和好东西有了关系，你会笑，会敬畏，会充满感情地行动，会愤怒，会想去改变什么东西。听到一个好的科学故事，你会兴奋，你会和3000年以来的科学世界里的仰望者们站在一起，你会让内心打开一扇窗，呼吸一个新世界的新鲜空气，会满足，会喜欢科学。

翻译这本书的过程，也成了我让自己的科学传播升级换代的过程。我尝试着用这本书的精神和方法，修改我已经做过几百次的科学演讲，重新编排我的大学课堂教学，甚至修订我的学术论文。这么做，让我付出了大量的时间和精力，而且很有可能不会在短时间获得收益，但我认为值得这样的付出。

这本书的引进和出版，得到了重庆大学出版社的鼎力支持。在当下的经济环境里，出版这么一本"不讨好"的书，是要担风险的。科学界的学者们不一定愿意接受讲故事的理念，即便不反对，也不一定照书操作。而其他领域的读者恐怕也不会特别关注一本科学内涵的著作。但我想，一本书的生命力就和书中提到的 IMRAD 的论文结构一样，需要经过一定的时间积累，才会取得广泛的传播和认可。一本真正的好书，不一定在问世后立即畅销，但一定会在多年之后，在社会需要这样一种思想和工具的时候，人们发现早有这样一本书等在那里。

感谢我所有的学生、同事、科普活动参与者，是你们耐心聆听了我的课，帮助我实践了这本书的内容。感谢北京师范大学生命科学学院的李小蒙老师。几年前她和我一起作为新教师参加大学教师入职培训。书中引用的生命科学研究文献由李老师协助翻译。

高　爽

2017 年 9 月

图书在版编目（CIP）数据

科学需要讲故事 / (美) 兰迪·奥尔森
(Randy Olson) 著；高爽译. -- 2版. -- 重庆：重庆
大学出版社，2023.4

书名原文：Houston, We Have a Narrative: Why
Science Needs Story

ISBN 978-7-5689-3763-4

Ⅰ.①科… Ⅱ.①兰… ②高… Ⅲ.①科学知识—普
及读物 Ⅳ.①Z228

中国国家版本馆CIP数据核字(2023)第036367号

科学需要讲故事（第2版）
KEXUE XUYAO JIANGGUSHI
[美] 兰迪·奥尔森　著
高爽　译

策划编辑：王思楠　　责任印制：张　策
责任编辑：陆　艳　　装帧设计：武思七
责任校对：刘志刚　　内文制作：常　亨

重庆大学出版社出版发行
出版人：饶帮华
社址：（401331）重庆市沙坪坝区大学城西路 21 号
网址：http://www.cqup.com.cn
印刷：重庆升光电力印务有限公司

开本：787mm×1092mm　1/32　印张：10.625　字数：182千
2023年4月第2版　2023年4月第4次印刷
ISBN 978-7-5689-3763-4　定价：48.00元

版贸核渝字（2016）第161号